日本如何崩壞？

新井一二三的東京觀察

新井一二三　第32號作品

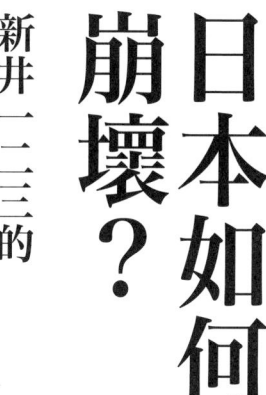

—自序—

來到二十一世紀了，日本卻越來越倒退……

世界無常。

很多東西，我們從前以為永恆的很多東西，都在迅速變化中。

比如說，日本。

記得疫情初期的二〇二〇年，一個台灣朋友以很詫異的表情問我：「日本人在抗疫方面，怎麼這麼地……？」禮貌的朋友想要迴避明說「無能」「愚蠢」。但是看台灣政府上層，當時陳建仁副總統表現出來的公共衛生專業知識（以及讓人安心的微笑！）、唐鳳率領的科技團隊表現出來的高度機動性（一群特別聰明的年輕一代！）；相比之下，日本政府的反應確實顯得特別「無能」「愚蠢」。

四年之後，為了報導能登半島大地震後的狀況而從台灣來採訪的記者，私下向我透露道：「在災區看到的情況，實在難以相信是在日本發生的事情，因為辦事效率非常低，這跟我以往對日本的印象是完全不一樣的。日本到底怎麼了？」

在當地日本人方面，感受深刻的是：疫情狀況穩定下來後，歐美亞澳等不同國家來了許多人到日本各地旅遊，他們個個都很有錢，隨隨便便吃當地日本人吃不起的高價海鮮等，相比之下，受日圓貶值影響的日本人，根本去不起海外旅行了。我們國家，曾是世界第二大經濟體的日本，到底什麼時候淪落為這可憐巴巴的樣子了？

上述這些，其實都有共同的歷史社會背景。本書收錄的文章，可以說，都從不同的角度嘗試說明日本這些年忽然沒落的原因。

其中，影響最大的是政治的劣化。

日本第二次世界大戰以後，在美軍占領之下，制定了民主憲法。在其他國家，往往是人民自己流血抗爭才取得的民主政體，日本人是從前敵人的手中和平得到的。日本人普遍歡迎民主制度，但是沒有為此爭取過的日本人，對這個前敵人送來的禮物，向來不懂得珍惜愛護，當它開始老化之際，就任其自然地劣化下去。

戰後不久的年代，對戰爭的殘酷，大家都記憶猶新。所以，不分政治立場都支持和平主義，以及標榜和平主義的新憲法，因為和平主義、以民意為基礎的民主制度，遠比威權制優越。

當年歷代的內閣總理大臣（首相），基本上都是東京帝大法學系或同等學校畢業的菁英。他們靠自己的能力，先做官員，然後經過選舉成為國會議員。

然而，從一九九〇年代開始，自民黨的執政首相，很多都成為繼承父親地盤的第二代國會議員，並且學歷方面也明顯不如他們的父親一輩了。

進入二十一世紀後，這個趨勢更加誇張。小泉純一郎（二〇〇一年上台），安倍晉三（〇六年），麻生太郎（〇八年）都是第三代的國會議員。〇九年上台的鳩山由紀夫竟是第四代了。這些年來，只有民主黨選出來的菅直人（一〇年）和野田佳彥（一一年），以及二〇二〇年從第二次退職的安倍晉三繼承了自民黨總裁地位的菅義偉才不是世襲議員。至於二〇二一年上台的岸田文雄，不僅是第三代的國會議員，而且把自己的兒子提拔為祕書官，從不隱瞞要讓兒子繼承議席的想法。

在過去三十年的十五個首相中，只有鳩山由紀夫一個人是東京大學畢業。其他都是早稻田、慶應，以及程度還不如的私立大學出身。我身為早大校友，雖然感覺很慚愧，但還是得說實話吧：讀私立名校等於考過東大但是名落孫山。

當然，學歷低不一定等於能力低。可是，過去四十年觀察日本政治人物的表現，以下幾點還是再明顯不過的。首先，世襲的政治人物，一般不是自己志願當政治人物的，反之為了不負周圍期待，決定繼承「家業」。第二，本來代表民主制的國會議席，從父親讓給兒子，從兒子讓給孫子以後，無形中變得像貴族制。果然，有些國會議員的行為發言好比自己是封建時代的侯爵、伯爵什麼的，對於底層老百姓過的日子，顯然沒有知識也沒有興趣。這樣的人還配做個政治家嗎？

這個時候，普通家庭出身的年輕人，若想進入政界的話，大概會先考東大，跟著考公務員，然後尋找做政治人物的女婿的途徑。疫情時期常代表政府上電視的西村康稔、加藤勝信都是走了這條路的。也就是人類史上，歷史悠久的裙帶政治。

在日本，完全沒有政治背景的新鮮人物當選議員，比起其他民主國家困難得多。一個原因是在日本參選的保證金太貴。比方說，參選國會的保證金是三百萬日圓（相當於六十多萬台幣），這比在台灣選立委的二十萬台幣貴了三倍。把保證金的金額降低，年輕新人參選會容易得多，可是已擁有議席的政治人物絕不願意做出對自己不利的決定。結果，在經濟不景氣的日本，政治離年輕人越來越遠。

正如前面說的，世襲的國會議員往往學歷不佳，跟東大畢業生占多數的官員相比，差距越來越大。自尊心上難受的貴族議員們，把之前官員擁有的權力，在第二次安倍內閣的八年裡，一一收回。官員方面，最關鍵的人事權被政府掌握後，很快地淪落為一群奴才。安倍第二次執政期間，根據眾議院調查局的紀錄，首相自己撒謊（即發言內容後來被證明為不實）的次數達到一百一十八次。做他幕僚的上級公務員，不僅沒有糾正他的發言內容，反之為了配合他的發言，下令叫部下偽造白紙黑字的公文。

安倍下台被槍殺以後，所謂「ABENOMICS」（安倍經濟學）的失敗越來越明顯。他和當時的日本央行總裁黑田東彥實行了經濟學上的忌諱：政府發行的國債由央行買下。這麼做的結果，將來會引起貨幣暴跌。專家們都知道那是多麼危險的經濟政策，但是誰也沒法叫停。甚至有經濟官員說：「這是民主制度，既然日本選民繼續投票給安倍晉三領導的自民黨，那麼在民主制度下，我們非得聽從國民的意見吧。」那是諷刺？還是自嘲？總之，夜郎自大的當權者催生了空前虛無的官僚們。

如今的日本人，面對疫情，面對地震，反應很慢、效率很低，是各級官僚體制中，瀰漫著虛無主義所致。回想起疫情早期，安倍內閣給日本每個家庭郵寄送出布製口罩「ABENOMASK」（安倍口罩）那件事，令人產生類似絕望的感覺。那安倍口罩就是國王的新衣。大家都知道分發布口罩沒有用，如果有用的話家裡也可以做。但是顯然安倍首相認為是有用的，也可以解決口罩缺貨的問題。正如他以為把俄羅斯總統普丁邀請到自己家鄉山口縣去接待，普丁會考慮把北方領土還給日本（當然沒有）。

世襲議員們最重視的是確保當選。結果，拒絕不了為實現自己的政治目的而提供選票的壓力團體。那些團體一般就是價值觀特別保守的宗教右派。他們強調要維護傳統道德、傳統家庭關係的重要性。如果沒有他們的干涉，進入二十一世紀以後，日本也應該能夠跟世界其他國家一樣往包容多元化的方向邁步的。然而，現實正相反，日本人至今連結婚後保留原姓的選擇權都沒有。

好幾年前，從國外來日本旅遊的朋友曾說：日本除了東京和京都等一些城市以外，街上都沒有人。過去二十年來，我去東京以外的地方，看到的也都是家家商店關門的商店街廢墟景象。原來，少子高齡化就這麼直接導致人口減少，而人口一開始減少，社會馬上失去活力，起死回生談何容易。

再加上全世界同步發生的氣候變化，日本除了地震以外，還經常遭受暴雨、洪水、暴風、旋風帶來的災害。在人口減少的地方，上下水道等基礎建設早已劣化，但是人少了稅收也少，哪能即時修理，幫當地居民趕快恢復正常生活？

日本從沒落到崩潰的原因就是這麼清楚，也當然不是我一個人清楚而已。為何不能有效地反映意見，一個較大的理由是安倍第二任內閣時當政府發言人的菅義偉，給主流媒體施壓，同時借鑑大國經驗，組織了在網路上幫政府說話、攻擊異見的隊伍。過去三十年，日本人的平均收入和言論自由的程度同步下墜。可見長期執政的政權，為了掩蓋政治作為的失敗，不讓人民知道事實。我們生活的世界越來越像名作《一九八四》，雖然我們實際上已經活在二十一世紀。

本書收錄的文章，最早刊登在台灣《獨立評論@天下》和美國《歪腦》網路雜誌上。由台北大田出版集結出書，這竟是第三十二次合作了，我們之間的友誼已經超過了四分之一世紀。在此衷心感謝大家一路給我的機會。

目錄 CONTENTS

Part
2
現實與虛構的日本

Part 3 / 從微熱到高燒

Part 4

大和魂的反智

Part 1

被過去卡住的日本

從「便所飯」到「床上飯」——孤獨的日本人

實際上，他們放棄的不是一個家電產品，而是「主婦天天煮飯做菜等丈夫孩子回來吃飯」的生活方式。

二〇〇〇年代，日本媒體紛紛報導過「便所飯」——即在廁所裡面吃飯的習慣——在年輕一代中流行起來。當年常見到的解釋是：大學生等年輕人非常重視自己在夥伴眼裡的形象，他們尤其重視「人氣」也就是受別人歡迎的程度，結果「沒有朋友」成為最難堪的處境，於是找不到人一起吃飯之際，寧願躲到廁所去吃飯，也不願意在公共場所如學生餐廳被別人看見一個人孤獨吃飯的樣子。

我之前沒聽說過有人在廁所裡吃飯，所以第一次看到那些報導時，有些不敢相信，甚至跟其他很多人一樣懷疑「便所飯」是否跟見鬼的故事一樣屬於所謂的「都市傳說」。然而後來有不少次，我卻在火車站附設的公共廁所小隔間裡，看到麵包的空袋子和飲料空瓶等，逐漸開始相信，真的是有人吃「便所飯」的。

需要指出來的是，日本多數的公共廁所，尤其設置於火車站、百貨公司、大學等樓梯間裡的，大多都保持得相當乾淨。只要小心一點，就能夠避免碰觸到別人的排泄物。儘管如此，大多數人使用廁所的目的始終是排泄，環境裡不可能完全沒有大腸菌。在講究衛生的多數日本人看來，廁所在本質上就是很骯髒的地方。特地去廁所吃飯的人，除了孤獨以外，不能不說他們的自尊心相當低落。

事隔十多年，最近在日本出版的書籍中，我看到一個新詞叫「單獨床上飯」（独りベッド飯），而且是專門屬於「孩子他爸」的。書名是《一個人的飯桌：極限家庭和「個」的風景》（ぼっちな食卓：限界家族と「個」の風景，中央公論新社）。

作者岩村暢子是原屬於旭通廣告公司的市場調查專家，現擔任大正大學客座教授。她從上世紀末以來，一直研究普通日本家庭的吃飯習慣，這項調查叫「食DRIVE」。岩村所採取的調查方式是：把立可拍相機交給一批家庭主婦，請她們用來拍攝該家庭所有成員在一週內吃二十一頓飯時的飯桌。然後跟那些主婦一起看著照片一一進行訪問，記錄下她們所講的吃飯故事。雖是傳統的方法，但是因為有照片做證據，她經調查得到的資訊可信度非常高。另外，岩村也分別事隔十年以及二十年後，對同一組人再進行一次調查，從中可以觀察到這些年日本家庭發生的變化。

岩村整理調查結果，自從二〇〇三年的《變化中的家庭，變化中的飯桌——現實破壞銷售戰略的常識》開始，每幾年出版針對於普通讀者的單行本。二〇〇五年的《現代家族的誕生——幻想系家族論的死亡》、二〇〇七年的《普通家庭最可怕——徹底調查！破滅中的日本飯桌》、二〇一七年的《遺憾「和食」有原因：從照片看日本飯桌的現在》等，我幾乎每本都看過。

那些書的標題，乍看之下煽動性很高，但是每次讀完內容以後，我都覺得確實有必要提高警覺，因為那些中產階級以上的日本主婦所記錄的飲食生活，貧乏到出乎大家的意料。叫人納悶的是，那些家庭飲食之貧乏，並不是經濟困難所致。反之，許許多多的家庭主婦不願意去買菜回來下廚做飯給家人吃。她們寧願打開錢包，叫孩子們去附近的超市、便利商店買自己想吃的東西。所以不少家庭的飯桌上，每天的早飯、午飯、晚飯都會出現塑膠袋裝的麵包、蛋糕、便當等等，並配上塑膠瓶裝的綠茶、紅茶、麥茶、汽水。

那些飯桌的照片多令人覺得寂寞！不僅他們吃的是買來的現成品，而且在「尊重個人意願」的美名下，即使同一時間在同一張飯桌上吃飯，每個人吃的東西並不一樣，顯然不促進家庭成員之間的對話和溝通了。看來岩村著作的標題中，家庭一詞往往跟破滅、死亡等詞彙一起出現是有原因的。

在日本，從一九九〇年代開始流行「個食」「孤食」等新詞。前者指的是如同前面所說，在同一張飯桌上每個人吃不同的東西。後者指的是，由於孩子們上補習班、參加學校社團活動，或者父母工作忙、要加班等原因，各家庭成員分開在不同的時間吃飯。結果使家庭成員變得像一盤散沙。

「個食」也罷，「孤食」也罷，社會常關注兒童的生活環境。二〇〇五年日本政府推出食育基本法，為的是加強小學中學在營養學、傳統飲食文化方面的教育。然而，較少被注意到的是父親的飲食生活。二十世紀後半的經濟高度成長時代，日本上班族經常加班，下班後又跟同事一起去酒吧、居酒屋，天天很晚才醉醺醺地回家，那時孩子們都早已睡覺。那年代的日本主婦，還保持著傳統的生活態度，往往等丈夫回來才一起吃晚飯，或者至少給他加熱早已做好的飯菜，陪坐在飯桌邊，幫丈夫添飯、倒茶等。

岩村暢子從一九九八年到二〇二三年，四分之一世紀時間不停地進行「食DRIVE」調查。她的調查對象是一九六〇年以後出生，在東京及郊區生育孩子的已婚女性，因為這年代以後的日本人在價值觀方面跟傳統日本人已經很不一樣了。其背景是整個社會的變化。

當她們成年的時候（一九八〇年代以後），日本社會不僅已經很富裕，而且在很大程度上走向西化、都市化。比方說，每個社區有了超市、便利商店以後，才可能叫孩子們去買自己想吃的東西。至於相機拍到的飯桌，則無例外是西式高腳桌。而日本普通家庭開始使用高腳桌椅是一九六〇年代以後的事情。比方說我一九一一年出生的姥姥，她直到一九八六年去世以前，一輩子都在榻榻米上擺矮桌子，跪坐著吃飯。

也許後來發生的問題一部分就來自傳統文化的斷絕。除了生活方式的變化以外，日本社會也經歷了家庭觀的變化。具體來講，一九六〇年以後出生而生活在大城市的日本人，即使結婚，也很少跟配偶的父母等密切來往。這是因為現代婚姻是兩個個人的結合而不是兩個家庭的結合。從前，主婦做的飯菜不僅繼承了娘家的味道，也繼承了婆家的味道。但是，婆媳關係淡化以後，傳統菜餚的傳授途徑也斷絕了。根據岩村暢子的調查，如今的日本孩子，很多都是上學吃營養午餐的時候，才嚐到傳統「和食」菜餚如紅燒羊棲菜、風乾蘿蔔絲等，結果往往吃不慣而引起家長尤其是母親們的不滿（「學校多管閒事，孩子吃不飽飯怎麼辦？」）。

我一個同事是一九六四年出生，結婚的時候就決定不買電鍋。當時他們說：白米飯已經吃很多了，以後就不要也罷。我長時間對此不以為然，可是後來看岩村的書而知道，今天有不少日本家庭已放棄電鍋了。實際上，他們放棄的不是一個家電產品，而是「主婦天天煮飯做菜等丈夫孩子回來吃飯」的生活方式。畢竟若想吃白米飯，去便利商店買，用微波爐熱一熱就可以。

很多「個人」從超市、便利商店買熟食回來吃以後，日本家庭曾經擁有的必需品，有不少東西都一個一個開始消失了，例如屬於個人的飯碗、筷子。因為「個食」或「孤食」時，用叉子、勺子吃西餐比較多。據統計，二〇一三年起，日本人買麵包花的錢都比買大米花的錢多了，如此一來，家中為每人準備好一套專門吃「和食」的餐具就顯得多餘。另外，根據岩村最近的調查，很多日本家庭裡已經沒有了純醬油和純醋。這是越來越多人從超市買來「椪醋」（ポン酢＝果醋和柴魚醬油等混合的綜合調味料）、「麵汁」（めんつゆ＝柴魚湯、醬油、味醂等混合後用來做湯麵汁的綜合調味料）等的緣故。

自從「食DRIVE」開始調查後，其結果就顯示：日本父親經常不在家吃飯。我估計很多日本母親不想動手做飯的原因之一，大概就是丈夫不回家吃飯。在二〇一〇年代的調查，岩村發現一些家庭的飯桌照片中，「爸爸的椅子」消失了。問其原因，受訪者異口同聲說：他反正很少跟家人一起吃飯；若在家的話，讓他先等別人吃完飯再說。然後，最近出版的一本書裡，岩村寫道：部分日本丈夫在回家的路上去便利商店買自己要吃的食品和要喝的飲料，回到家就直接去自己的臥房，在床上半躺著，看電視或玩電腦的同時一個人吃喝。

那些男人，經過多年來跟妻小分開活動的結果，家庭關係淡薄到幾乎消失。當初是父親／丈夫缺席，後來是他的椅子，也就是家中的位子消失，最後是他躲到自己的臥房裡。只要每月給夠多的生活費，法律上的家庭關係會持續下去。但如果收入不多，多數妻子早晚會考慮離婚。根據岩村的調查，十年後，有兩成婚姻早已破滅。在這種家庭長大的孩子，也很少回來看父母。而再仔細觀察，這種家庭中早期都沒有出現過能反映出溫暖關係的飯桌。

岩村暢子認為，並不是伙食內容決定家庭成員的關係，而是家庭成員之間的關係反映到飯桌上的食物來。另外，第二次世界大戰以後的日本人，為了擺脫傳統的父權制，紛紛採取個人主義，但並沒有真正學習到西方個人主義背後的思想。正如採用了高腳桌子，卻沒學會西式的家庭關係一樣。

日本的超市、便利商店出售的食品種類越來越多，但仍舊自己下廚做飯的人卻越來越少。生活變得更便利不一定意味著生活變得更幸福。從「便所飯」到「床上飯」，越來越多日本人吃得很孤獨。那是「食DRIVE」二十五年後的結論。

愛得深，恨得也一樣深——日本人對羽生結弦的情結

當他結婚而不肯公開妻子是誰的時候，大家則支持媒體去挖掘有關新娘的資訊。

世界著名的日本花式滑冰金牌得主羽生結弦，二〇二三年夏天宣布結婚，僅僅一百零五天以後又宣布離婚，原因是日本媒體對他和新婚妻子的騷擾，使他們無法正常地生活下去。

聽到離婚的消息，很多日本人感到驚訝：雖然媒體對他們的騷擾是有目共睹的事實，但是被媒體騷擾的名人又不僅是他們夫妻而已；可以說在日本，任何名人，不但是藝人、運動員，而且是皇室成員，這些年來都成為了八卦媒體的獵物。唯一的例外，恐怕只有掌權多年的自民黨政府高層。

國際上，間接被大眾媒體謀殺的名人，大家記得有現任英國國王查爾斯的前妻黛安娜王妃。一九九七年，當時三十六歲已離婚的她在法國跟男友一起兜風，未料在巴黎阿爾馬橋隧道裡遭到狗仔隊追蹤，最後賓士轎車失控，撞向燈柱和石牆後爆炸，兩人都在車禍中喪命。

在日本，過去幾年，現任天皇德仁的姪女秋篠宮真子內親王，跟大學同學小室圭之間的戀愛和婚姻，也一直遭受日本媒體以及社會群眾的不友善眼光、言詞、評語。其程度遠遠超過正常報導、評論的範圍。結果，一對新人只能離開日本，去美國定居，並且重新上法學院，考律師執照，勉強經營普通的家庭生活。

其實在日本，著名藝人、運動員等在國外買下房子，平時儘量避開日本媒體的嗜血視線，當非得露面工作時，才回到日本的情形，多年來大有前例。比方說在美國活躍一時的棒球選手松井秀喜，引退以後也不回日本生活。有人質疑「難道美國比日本好？」，真實答案卻不是那麼回事：一回日本，幾乎所有走在街上的人都認得出要簽名、一起拍照還好，如果他們注意到有哪怕一點點爭議性的事情，都一定會當場拍下照片，然後馬上在社群網路上分享。

在這種情況下，巨星級名人羽生結弦宣布結婚，卻不公開妻子的姓名、背景、長相等等，反而引起日本媒體要爭先恐後地挖出來，做出由羽生夫妻看來不外是騷擾的種種惡劣行為，應該是事先能夠預測到的。所以，當日本人聽到他們決定離婚的消息，所驚訝的原因不是媒體的行為如此惡劣，而是超級名人羽生結弦竟沒有預測到宣布結婚後的社會反應。

目前日本媒體的素質以及社會風氣都非常差。這有幾方面的原因。

首先，進入二十一世紀以後，日本的言論自由度大大往後退。根據非政府組織無國界記者會發布的資料，日本的言論自由度已下降到第六十八名，遠遠在第三十五名台灣、第四十七名韓國之後。

這主要是因為這些年來自民黨掌權穩固，過程中又跟統一教等所謂「宗教右派」之間培養了長期的協力關係。兩者都需求回到一九四五年日本敗戰以前的大日本帝國時代。於是向標榜歐美式自由主義的媒體施加壓力，叫好幾個著名的新聞節目主播下台，也強迫左傾報紙改變關於慰安婦問題的論調。

同時，過去三十年日本人的收入越來越低，普通國民已經沒有經濟條件出國打開視野了。結果，有如在韓國電影《寄生上流》中住在破舊半地下室的窮人家族一樣，沒有了批判政府、資產階級的膽力。反之，要向有錢有權的人主動搖尾巴，希望能得到哪怕一點點的殘羹剩飯。

再加上如今每個人手裡都有一部智慧型手機，能夠隨時拍照，隨時在社群網路上發表充滿酸味的文字。

中文有句俗語說「人怕出名，豬怕肥」。日文沒有這句話。但日文也有俗語說「出頭鳥挨打」。連續兩次在冬季奧運會贏得金牌的羽生結弦，在日本社會毫無疑問是出頭鳥。當他在國際舞台上給日本帶來榮耀的時候，大家都拍手稱快；當他成為職業運動員之後，大家也買票去看他的表演。當他結婚而不肯公開妻子是誰的時候，大家則支持媒體去挖掘有關新娘的資訊。

這幾年，日本社會很流行所謂的「推活」，也就是花錢去支持自己喜歡的偶像。在這麼一個經濟不景氣的社會中，被推的是有錢的明星，花錢去推的是沒錢的老百姓。可見新自由主義經濟深化了以後，連愛都得用金錢去表達，但是花錢也買不到愛，結果那種愛很容易變成恨。對於羽生結弦，日本國民愛得深，恨得也一樣深。這是一個非常可悲的時代。

夢想是人類才有的能力，但幻想……

我想起自己的年輕時代，嚮往外國而一再地遠走高飛，但是憧憬變成了現實以後，往往不如早先想像的美好。

日本人的芬蘭幻想

都說日本的千禧年世代很內向，不大願意出國留學。那好像是幾年前的新聞報導開始的。後來甚至有個專用名詞描寫他們的心態：天堂鎖國。意思是說，後生以為自己的國家最好，結果猶如江戶時代的德川幕府一般關起國門，不跟外國來往了。

奇怪的是，我找統計資料查看後，事實並不是那麼回事。直到疫情爆發之前的二〇一九年，每年依據不同的資料來源顯示，還是有十幾二十萬日本人出國留學。也應該如此。近年陸續新開辦的大學國際學系，如早稻田大學國際教養學系、法政大學國際教養學系等等，都要求學生出國進修一學期或一整年。若在暑假、春假裡，想要到國外參加幾個星期的語言進修班也易如反掌。我家老二在高二和高三之間的春假，一個人到溫哥華上了一週英語課，感覺跟在國內參加夏令營等沒多大區別，輕輕鬆鬆去，輕輕鬆鬆回來。畢竟跟我們那年代相比，生活環境國際化的程度完全不一樣。

前幾年的報導所根據的，似是在美國常春藤等名牌大學正式念學位的日本學生人數，顯然比中國留學生少很多了。與此同時，經不同的管道出國留學的日本人並沒有減少。如今有不同年齡層、不同背景的人，往不同的國家出發。這跟過去大家一面倒地去美國不同，這些年越來越多人去譬如菲律賓或者地中海的小島國馬爾他等地進修英語。

在我周圍，大約二〇一〇年左右開始，每隔一段時間就聽到有人要去芬蘭。最早是一個功課很好的中學三年級男生。他自己和家人之前都沒有出國的經驗。可是，他在準備考高中的同時，也認真地準備考留學獎金，結果成功地獲得了一年能去幾乎任何國家的機會。別人都以為要麼選擇美國或者英國，打算把英語基礎打好，以便將來能順利上英美的著名大學。然而，從他嘴裡出來的夢想之國土，竟然不是美國、英國，而是芬蘭。

包括他父母在內，大家都無法想像十五歲的日本男生一個人去語言不通的北歐小國（芬蘭總人口才五百多萬，即日本的二十分之一），寄宿於當地家庭，上當地用芬蘭語授課的中學，到底日子會過得怎麼樣？但是他的意志特別強，說從一開始就是為了去芬蘭才拚命念書的。直到在高中一年級的暑假起飛之前，他都埋頭學英語的同時也學芬蘭語，估計在全日本，當時的他應該是芬蘭語水準數一數二的十五歲少年了。

到底芬蘭有什麼東西那麼吸引這個日本男生呢？小伙子話不多，可我心裡有數。他懂事的二〇〇〇年代，日本社會上常講到經濟合作暨發展組織（ＯＥＣＤ）主辦的國際學生能力評估計畫（Programme for International Student Assessment，簡稱ＰＩＳＡ）的結果。以前在小孩子的學習能力比賽上，日本常常不是冠軍就是亞軍。可是從千禧年開始，每三年舉行一次的ＰＩＳＡ結果，日本兒童留下的成績沒有達到叫家長老師們滿意的水準，相比之下，芬蘭拿到了金牌。

北歐國家芬蘭不僅在地理上，而且在文化上都離日本很遠；人家的教育制度到底在哪方面厲害，本來在日本似乎沒有人知道。於是對芬蘭在ＰＩＳＡ上獲得好成績，日本教育界加倍好奇。結果，有一段時間，媒體上常聽到有學者、記者去芬蘭調查回來說：芬蘭學校的假期很長，小學到大學都免學費，社會給孩子的升學壓力很小，也用法律來禁止民營補習班等等。芬蘭社會的共識是：要給每個學生平等的教育機會，於是教育不該成為市場化的產業，會破壞教育機會平等的民營補習班因而該被禁止。

日本的教育制度曾經是臭名昭著的填鴨式，就是強迫小孩背下盡可能多的知識。結果產生了很多沒看過名畫，也沒聽過名曲，卻知道一大堆畫家名、作曲家名、作品名的日本人。後來國家經濟發達，生活水準到了一定程度以後，越來越多人開始認為，今後出社會的世代，不僅需要知識，而且需要實際上接觸到藝術文化的經驗，以便培養創造力。當時有很多人說：為了培養孩子們的創造力，首先得減輕功課上的負擔。於是，從一九八〇年代到二〇〇〇年代初，日本文科省（相當於教育部）逐漸減少教科書的內容，實施了所謂的「寬裕教育」。

尤其是二〇〇二年的一次改革，一口氣就把教科書內容打七折，同時全面實施公立學校的週休二日制。可以說，之前日本多數人是支持教育改革的，但是聽到新的數學教科書中，圓周率不再是三點一四，而變成了三之後，很多父母心中開始恐慌了。不料，幾乎同時發布的第一次ＰＩＳＡ的成績單上，日本學童的成績不佳。結果呢，有錢的家長們就偷偷地把自己的孩子送到補習班，要讓他們考進水準高的私立學校，也不要送他們去寬鬆的公立學校了。

全日本芬蘭語水準數一數二的那名十五歲學生，也是一個星期要上幾次的夜間補習班。心智早熟的他應該透過媒體報導，知道日本政府和廣大社會在這個問題上出了什麼樣的洋相。那個時候，聽到世上竟有個國家用法律來取締補習班，而就是那個國家的孩子們取得的學習成績最好，我估計，他會覺得那裡有可能是人間天堂。

《嚕嚕米》和《海鷗食堂》

回顧歷史，每個時代的人都曾經憧憬過不同的國家、不同的社會。比如說，古代的日本文人憧憬禮樂之邦大唐長安。明治時代的詩人們憧憬法國巴黎，第二次世界大戰後的一代則嚮往自由之國土美國紐約。我自己初中時代看好幾本日本人寫的外國紀行，一會兒受森村桂的影響而憧憬新喀里多尼亞，一會兒受五木寬之的影響而憧憬東歐保加利亞索非亞等。所以，日本千禧年世代對沒有補習班的國家芬蘭起了憧憬之心，也沒有什麼值得大驚小怪的。

芬蘭到底是什麼樣的國家？日本普通人知道的芬蘭人，除了世界著名的聖誕老人以外，好像只有兩位。一個是作曲家尚．西貝流士；他名字出現在日本中學的音樂教科書上，雖然大夥兒不一定聽過他的作品，但是姓名和代表作的名稱（〈芬蘭頌〉！）是曾經死背過的。

另外一個則是《嚕嚕米》的作者朵貝．楊笙。更準確地說，大夥兒都認識她筆下誕生的姆米谷的嚕嚕米和他的朋友們。自從一九六九年《嚕嚕米》第一次被拍成日語動畫片開始，此間大人小孩就愛上他們，直到今天很多人都能唱卡通片的主題歌。夏天出售印有嚕嚕米他們的T恤，就成為供不應求的人氣商品。在日本《嚕嚕米》的知名度一貫非常高，結果二〇一八年的全國高考地理科問卷上，竟出現了一道問嚕嚕米居住國的問題。那一題事後引起了不小爭論，因為作者楊笙從來沒特別提過姆米谷的所在地。總之可見《嚕嚕米》的身世在日本被視為要上大學的十七歲少年應該知道的世界的常識。

所以，憧憬《嚕嚕米》國度的不僅有少男，而且也有熟女，都應該沒什麼奇怪吧。二〇〇六年根據群陽子原著，荻上直子執導的日本芬蘭合作電影《海鷗食堂》，後來的十多年都保持著「信仰電影」的地位。每年去芬蘭旅遊的十多萬日本人當中，策劃自由行的似乎無例外地都看過這部影片。他們到了赫爾辛基，沒有一個不去朝聖影片裡的「海鷗食堂」。雖然在影片中，小林聰美飾演的老闆娘已不在，冬天裡也會關門休息好幾個月，可是到了赫爾辛基，大家還是要站在那家小飯館的玻璃門外，拍拍照片上上網，算是赫爾辛基最重要的打卡點了。

《海鷗食堂》的主角是三十幾、四十幾、五十幾的三個單身日本女性，分別由小林聰美、片桐入、鐏真佐子三個實力派女演員飾演。小林扮演的幸惠，自從母親去世後，一直為父親和自己兩個人料理家務，擔任代理主婦的角色，多少犧牲了青春歲月。片桐入飾演的綠，性格上也多少像幸惠；從小是個好女兒，在父母推薦的公司工作了二十年，直到有一天忽然被解雇。至於鐏真佐子飾演的正子，因為照顧高齡的父母耽誤了適婚年齡。她們都不是美女，也不是才女，在以往的電影裡很少有機會當主角的。但是在現實中，像她們的女性絕不在少數，所以才讓不少日本熟女認同這部片子。

在《海鷗食堂》裡，幸惠買彩券中大獎，決定到芬蘭首都赫爾辛基，開了一家日本餐館，叫海鷗食堂。開張後不久，單獨來芬蘭旅遊的綠和正子陸續走進海鷗食堂。跟幸惠一樣，她們兩個也並沒有強烈的動機一定要來芬蘭，或非芬蘭不可。反之，三個人都需要暫時離開在日本的日常生活，走向世界，靜心面對真正的自我。

在現實中，即使真中了頭獎彩券，單槍匹馬到外國開家餐館定居下來，也絕對不可能那麼容易。實際上，三十幾到五十歲，乃連資深的海外浪子都開始考慮要回國的年齡了。《海鷗食堂》描繪的，可以說從頭到尾都是夢想。故事中的芬蘭赫爾辛基猶如印刷的水彩畫，沒有強烈的個性，倒像一篇泰西童話：從前從前，北歐有個國家叫芬蘭，人們在多湖泊多森林的國土上，過著腳踏實地的日子。有一天，他們發現，在首都赫爾辛基的一條路上，開了家日本餐廳叫海鷗食堂。奇怪的是，裡面工作的好像是一個東方來的小孩子……

夢想是人類才有的能力。人類也具有分享別人夢想的能力。所以，小說和電影版本的《海鷗食堂》都緊緊抓住了雖說不是多數，但是規模可觀的粉絲之心。電影最初公映後十多年，每年都有影迷、書迷要去芬蘭赫爾辛基，除了那家食堂以外，還要拜訪影片裡出現的那條水邊人行道、蘑菇繁茂的那座森林、幸惠去採購的那個菜市場等等。三個單身的中年女性，偶然中幸運地抵達了安靜、安全、沒有歧視的地方，做簡簡單單的日本菜如三色飯糰（內含鮭魚、柴魚、酸梅）、薑汁豬肉片、鹽燒鮭魚片等提供給當地客人，慢慢交上當地的朋友。並不像灰姑娘那樣得到王子的愛情，卻找到了容身之處。這是很二十一世紀的日本女性電影，跟十多年以後黑木華主演而賣座的茶道電影《日日是好日》有共同的味道。

兩代日本人的芬蘭

那十五歲少年往芬蘭出發，一年之後回來，還是寡言不多談在芬蘭的經驗。後來聽他家人說：在芬蘭他寄宿的家庭是工人階級的單親媽媽，一手帶大兩個兒子。媽媽工作忙，很少在家，兒子們則把大多時間花在電腦遊戲上。一家人的日常伙食是用微波爐弄熱的冷凍食品，似乎誰也不大理會從遠方過來的少年。顯然對那個家庭而言，收留一個東方男孩主要是為了生計，相對而言，對文化交流的興趣比較低。在學校裡，要聽懂芬蘭語、跟同學們溝通就已經很困難，更何況在當地學校，他從沒學過的俄語是門很重要的必修課。

我想起自己的年輕時代，嚮往外國而一再地遠走高飛，但是憧憬變成了現實以後，往往不如早先想像的美好。儘管如此，我從沒後悔過當初的決定。正如戀愛中的人感受到的快樂幸福和焦慮難過，說不定一樣多。可是，會因為不想嘗到焦慮難過，所以要放棄戀愛帶來的甜蜜和陶醉感嗎？絕對不會吧。旅人也一樣。即使會吃苦，也不想放棄心中充滿的期待，以及夢想。

大約兩年前，我碰到了兒子高中時候的同學母親。對方的孩子是女生，都讀大學二年級、三年級了。問她們最近過得怎麼樣？那位母親臉上浮現出痛苦的表情，說道：她要出國留學了。我問她：不是很好嗎？對方歪了一下頭說：女兒要去的地方不是美國也不是英國，而是芬蘭。

為什麼要去芬蘭？芬蘭有什麼好？做母親的想不通。詢問女兒，二十歲的她又不願意仔細解釋給母親聽。我身為資深流浪者，非常能理解想去芬蘭的心情。於是對那位母親說：她想去跟別人不一樣的地方吧，為的是尋找真正的自我。

我們的國家日本，以前採取填鴨式教育，幾乎讓孩子們窒息。後來表面上雖推行了寬裕教育，然而私底下，大家爭先恐後地把自己的孩子送到補習班去，因為輸了難看。這樣子，孩子們被迫成為一隻又一隻的肥胖鴨子。考完了高中，又要考大學，大學畢業了，還要看誰受聘於著名大企業。始終用一個標準來衡量自己和別人，就那樣耗費珍貴的青春歲月。尤其是女孩子，今天的社會向她們發出互相矛盾的兩項要求：一方面要在工作上成功，另一方面也要做賢妻良母。誰不想要暫時離開這比賽場一般的生活環境呢？那個時候，想到《嚕嚕米》和《海鷗食堂》的芬蘭，可說是順理成章了。

最近，我又聽說一個二十二歲的年輕女子，本來該大學畢業開始工作了，卻在全球性疫情之下，仍然於日本和芬蘭之間來回跑，不知道該以哪裡為生活據點。二十二歲嘛，除了念書做事以外，交朋友在生活中所占的重要性可大了。如果占據一半以上，可能會先下決心在芬蘭定居看看，雖然秋天冬天能見到太陽的時間著實不多。

已到了就業年齡，還不知道該怎麼辦的年輕人，世界各地早就有不少這樣的人吧。一九二〇年代在巴黎的美洲青年是所謂的「失落的一代」；一九六〇、七〇年代去印度學佛的歐美年輕人則是所謂的「嬉皮」等等。以前的日本年輕人很乖，頭髮無論長到哪裡，到了就職活動該開始的時刻，會主動去理髮店理個乾淨。甚至有一首校園歌曲具體描繪那個剪頭髮成為大人的場面（松任谷由實的〈再見，草莓白皮書〉）。到了二〇二〇年，看來日本終於出現了好些年輕人，為尋找真正的自我而煩惱。

這些人不僅去芬蘭，還去西亞、東南亞等較少日本人去的地方。甚至有個女大學生去土耳其跟當地人結婚，也有個男大學生在日本跟馬來西亞留學生結婚，他們兩個都變成了伊斯蘭教徒。類似的故事，我讀大學的一九八〇年代是根本沒聽說過的。當年在同學們的冒險故事裡，最充滿異國情調的情人不過是美國人、中國人；和印度男朋友長期在一起的女同學，最後沒談成結婚。顯而易見的，千禧年世代超越國境的意志力，比他們的父母一代強很多。

而在他們的父母那一代中，不乏有人受《海鷗食堂》的啟示，單獨去芬蘭赫爾辛基。朝聖完電影中出現的幾個景點之後，她們（女性占多數）直接到北歐設計的著名品牌如「伊塔拉」（iittala）門市部買陶器盤子、玻璃杯，也到「瑪莉美歌」（Marimekko Oyj）買布料、包包等，也不忘在人家的員工餐廳用餐。據說，因為盤碟用的全是該公司的產品，再說在北歐國家，公司福利也不落人後，結果能體驗一下非常北歐的一頓飯。至於芬蘭特產美食，除了油煎鮭魚、鮭魚湯外，就是《海鷗食堂》裡也出現的肉桂捲，滿合日本人的口味。

夢想沒有補習班的國家和夢想《海鷗食堂》的背景，兩者之間，其實離得並不那麼遠。

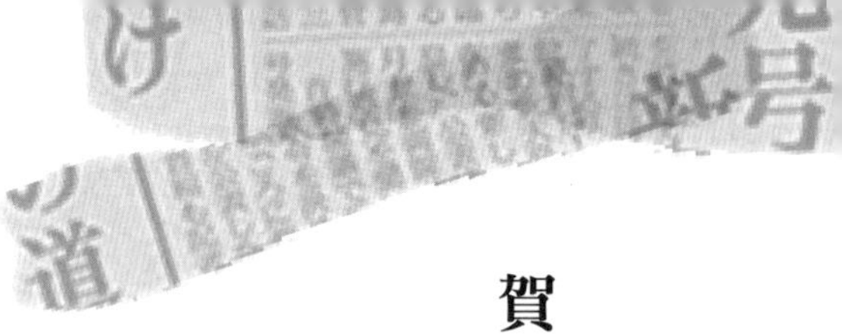

賀年卡的命運

上班、上課都搬到線上去，老師發課業資料、學生交作業都換成了電子檔案形式。只有賀年卡要保持上世紀留下來的實體形式，似乎不大合適了。

我是大概從小學一年級就開始寫「年賀狀」，也就是賀年明信片。從小學到中學，每年都寫了幾十張，那些年也每年都收到同樣張數的回信。

當初的賀年卡，是從廚房拿顆番薯來，用美術課使用的雕刻刀，自己刻成圖章後，在白白的明信片上蓋印。花樣是該年干支所對應的動物。刻得不好時，就很想回廚房再取一顆番薯來，但凡事節省的母親當然不允許那種浪費。結果，幾乎每年都得寄出自己不那麼滿意的作品，或者偷偷地處理掉令人丟臉的「芋版」（薯章），而拿彩色鉛筆來畫個花樣搪塞過去。總之，對能刻出「傑作」的同學真是羨慕不已。

在海外留學、工作時期，入鄉隨俗寄過幾年聖誕卡。後來，千禧年前回日本，發現大家寄來的賀年卡，大多都是印刷好的。起初還要花錢委託印刷廠或照相館，後來可以用家中的個人電腦和印表機了。印刷好的不僅是當年蓋薯章的一面，連收信人地址姓名都能夠列印出來，自己拿筆加寫一行就了事。這樣子，準備五十張賀年卡所需要的時間，從薯章時代的兩三天，縮短為兩三個小時了。

我每年寄出賀年卡的對象，有中學、大學時的老師和老同學，過去和現在的長官和同事，還有親戚等。一部分人是平時常見面的，其他人是很多年沒見面的，年復一年彼此都在賀年卡上寫：今年一定找機會見面聊。結果，又一年在忙碌中過去了。孩子們還小的時候，我也曾寄賀年卡給他們朋友的家長、小兒科醫生等帶孩子的日子裡時常需要請對方幫忙的重要人物。

隨著世界進入網路時代，工作上新認識的人，雖然知道彼此的電郵地址、手機號碼以及社群網路帳號，但是根本不知道家裡的地址和家用電話號碼，為寫賀年卡而特地詢問會覺得好像不太合適。所以，寄賀年卡的名單上，舊識占的比率越來越高。

孩子都上了大學甚至出了社會，他們兒時朋友的家長，做父母的已經很多年都沒有見面，以後恐怕也沒有機會了。那麼，從名單上刪掉也可以嗎？一般來講，雙方的感覺是一致的，自己先停還是對方先停，事情過後並不重要。從前以為給老師寫賀年卡是遵守禮法，可是，這些年也有個別的老師主動提出來：因為年紀大了，交換賀年卡的事宜希望就到今年為止。

今年的賀年明信片，我準備了四十五張，實際寄出了三十五張，收到的有三十二張。我自己本來就想以後交換賀年卡的範圍可以越來越小。長年沒有見面的人，不僅以後大概不再有機會見到，而且彼此之間還算不算認識都很難說了。尤其在疫情之下，面對面的接觸不被鼓勵。上班、上課都搬到線上去，老師發課業資料、學生交作業都換成了電子檔案形式。只有賀年卡要保持上世紀留下來的實體形式，似乎不大合適了。

不過，我估計有些較私人的，而且較負面的信息，即使賀年卡上不會印出來，自己拿起筆來卻是會向老朋友們報告的。今年，寄給我賀年卡的三十二人當中，過去一年裡退休的有三個人。其中一個老同學，大學一畢業就任職於新宿一家大飯店，前後工作了三十八年之久，去年的賀年卡說工作上受疫情影響非常大，但是我萬萬沒想到她會在短短一年內離職。另外一個是中型出版社的編輯，也在同一家公司工作了將近三十年，去年的賀年卡都沒說什麼不尋常的，但是今年已變為自由接案者了。

儘管日本很多公司規定退休年齡為六十歲，過去幾年政府卻鼓勵各家企業讓員工工作到七十歲，以減緩政府支付年金的負擔。可是，在長期持續的疫情下，顯然不少企業反而鼓勵員工早點離開。我最後一個退休的老同學，是在紐約受聘於日本大銀行，她說在線上工作期間，就被告知解雇了。三個老同學不謀而合都是女性。

這些工作經歷不短的朋友們，相信都領到了全額的退休金，暫時不必為生活發愁。但是，今天的六十歲跟以前的四、五十歲差不多，平均壽命還有三十年。以後的日子到底怎麼過好呢？

這狀況讓我覺得，還是繼續寫賀年卡給老同學們好，以便知道自己的同代人在社會上，正面對什麼樣的情況。

高齡化下的日本媒體

吃的、穿的、玩的、用的，都不是當下年輕人流行的款，反而屬於對老年人友好的通用設計。可以說，只看著紙上印的文字，不能知道日本社會的最新潮流了。

有一天，我翻著報紙突然發覺，報上登廣告的演唱會，都是比我年紀大的老歌手要登台演唱的。

一九七〇年代，是我的小學、中學時代。當時走紅的男女歌星，現在都有六十多歲了吧？仍然可以一個人動員上千名聽眾的大歌星為數不多。據報導，連當年紅極一時的男星澤田研二開的演唱會，最近也不能讓大型音樂廳爆滿了，結果惹得澤田爺爺發脾氣不肯上台，自行回家。於是主辦單位動腦筋，叫十幾個老歌手一起上台，還用「同學會」「夢想演唱會」之類的名稱打廣告，來刺激銀髮世代的懷舊感。不僅在東京、大阪等大城市，也在二線、三線中小城市一天舉辦日晚兩場老歌演唱會，果然成功地動員了六十幾、七十多歲的老「同學們」去演唱會場地報到。雖然每個歌手能拿到的酬金不會很多，但是如今電視上幾乎沒有什麼流行歌曲的節目，因此能夠跟老歌迷直接見面，而且說不定其中還有人願意當場買幾張CD，請當年的偶像簽名的話，肯定比待在家裡沒事幹好多了。

所以，報紙上常看到老歌星演唱會的廣告，我不覺得有什麼奇怪。可是，怎麼同一份報紙上看不到年輕的、目前走紅的歌手或樂團所登的演唱會廣告呢？為什麼天天都只看到往年流行歌曲的「同學會」，和票價貴得令人發狂的歐洲歌劇團訪日演出的廣告呢？

「不就是因為看報紙的都是五十幾歲以上的老先生、老太太的緣故嗎？」兒子告訴我。他是剛滿二十歲的大學生，從小沒有看報紙的習慣。當他還在小學、初中的時候，做母親的曾勸他好好養成看報紙的習慣。畢竟家裡歷來訂閱兩份報紙，他爸媽都搶著要把剛送來還平平整整的新聞紙親手打開看，才覺得很爽快。可他就是對紙上印的文字沒有興趣，說在網路上看新聞都一樣。我們覺得不一樣，但是不知從什麼時候開始，日本孩子不再聽父母說話了。

其實，今天不看報紙的，不僅是二十歲的大學生。我大學的同事們，四十歲以下的人似乎家裡都沒有訂閱報紙。他們的家中也沒有家用電話，一切消息都來自網路，交易也在網路完成。網路世代當然不可能看報紙上的演唱會廣告，然後打電話去訂票的。

於是報紙上登的廣告，越來越多是針對中年以上的消費者了。果然，吃的、穿的、玩的、用的，都不是當下年輕人流行的款，反而屬於對老年人友好的通用設計。可以說，只看著紙上印的文字，不能知道日本社會的最新潮流了。

前些時候從中國來的朋友，逛了東京神田神保町的舊書店街後說，日本人似乎對紙本情有獨鍾吧？但那只是五、六十歲以上的日本人。不信就翻翻此間的週刊雜誌看看吧。這一期二月二十一日《週刊文春》的其中一個專題是：家人死了該辦什麼手續？同一期的《週刊朝日》則刊登：配偶死了以後要辦的手續一覽。《SUNDAY每日》是：一個人在家瞑目。《週刊現代》：錯誤百出的死後手續。

怎麼大家都紛紛在講死後手續？不外是因為不少讀者開始面對自己以及配偶的死亡了。這些雜誌三十年以前針對的讀者是三十到四十歲，以男性為主的上班族，也就是當年日本社會的骨幹。那一代人早已退休，現在將近七十歲，身體開始老化，甚至有人得癌症或是瀕臨死亡。顯然年輕一代的日本人普遍對報紙、對紙本雜誌都沒有興趣，使得整個報業只好跟讀者群體一起老下去。

至於內容充滿俗氣但還保留些活力的《週刊POST》呢，一方面登有「大江戶性愛姿勢四十八種」，另一方面則刊登「父母死了以後最麻煩的葬禮和繼承遺產」「父母得老人痴呆症以前／以後要辦的手續」「一百萬日圓能醫治／不能醫治的疾病」「養老金的申請錯誤和填寫遺漏」。同一份雜誌登著好幾個年輕模特兒的裸體照，但是讀者的平均年齡說不定比那些模特兒的父親還要大。

看到報紙上的廣告而去聽老歌星演唱會的群眾，大概是週刊雜誌讀者的太太們吧。如今日本的戲院也好，音樂廳也好，美術館也好，一般來講，聽眾或觀眾有八成以上是女性。她們要麼自己一個人來，要麼跟朋友結伴來，要麼帶女兒來，活動完了就去吃飯聊天，總之活動力滿強的。相信多數人都有丈夫，可是丈夫被太太嫌棄，一個人在家裡留守。如今社會上自做自大的日本男性，一退休就淪落為孤單的靈魂。他們沒有跟工作無關的朋友，也不認識鄰居，往往都沒有什麼愛好，更沒有社交能力去交新朋友。於是一個人去圖書館翻翻《週刊文春》《週刊朝日》《SUNDAY每日》《週刊現代》《週刊POST》等等，研究如何面對即將要來的死亡。是的，在眾多公共設施中，只有「敬請肅靜」的圖書館是男性利用者占多數的地方。但女性對那裡敬而遠之，因為不能聊天聊得痛快。

但願在榻榻米上死

但是在日本，俗話卻說「但願在榻榻米上往生」。那是很多人畢生的願望，只是很難實現。

侯孝賢導演早期拍的自傳性電影《童年往事》裡，主人翁阿哈的高齡奶奶，最後在日式宿舍的和式房間，直接躺在榻榻米上，沒人陪伴的情況下瞑目。阿哈的父母已經過世，二戰後從中國大陸遷往台灣的公務員家族，只留下了年紀還輕的幾個兄弟。他們面對慢慢衰弱的祖母也無可奈何。導演自己念的旁白說：事後被召來處理遺體的殯葬業者，對不孝的孫子們怒目而視。電影中唐如韞飾演的奶奶，從故事一開始就一直剪著紙錢，為的是有朝一日能回到廣東梅縣的故鄉，好好祭拜已故親人，結果她卻在南台灣日式房子的榻榻米上孤獨地死去，讓人覺得加倍淒涼。

每次看到那個場面，我都不能不深感歷史的諷刺：對來自中國的奶奶而言，在榻榻米上過世意味著客死異鄉；但是在日本，俗話卻說「但願在榻榻米上往生」。那是很多人畢生的願望，只是很難實現。因為自從一九七〇年代起，日本人在醫院病床上死亡的比例已超過在家過世的比例。二十一世紀開始後的二十年，在家死亡的日本人只有百分之十二，這數字比世界上大部分國家都低，只有台灣的三到四分之一而已。相反的，將近百分之八十的日本人都死在醫院裡，儘管超過百分之六十五的人都說，如果可能的話，想要「在榻榻米上往生」。

這也符合我自己的親身經驗。一九六〇年代，我祖母因胰腺癌去世。她長期住院，最後是在醫院病床上瞑目。當時我還沒上小學，父母去醫院探望祖母，並沒帶小孩去。結果在我的印象中，之前好好的祖母，幾個月後再見面時，已經躺在棺材中，很快就送往火葬場焚化了。那突如其來的轉變叫小孩子難以消化，後來的幾個月我都做惡夢，經常半夜裡醒來。

四十年後，我父親患上跟奶奶一樣的胰腺癌。由於醫學進步，他動了手術，也接受化療，有段時間還能跟母親去夏威夷坐郵輪旅行。然而，回來去見醫生，便被宣布已經無可治療，不必再來醫院。當時父親七十四歲，離日本男人的平均壽命還有幾年。他和母親都不能接受「無可治療」這樣無情的事實，父母的腦袋裡也沒有「在家等死」的概念。對他們來說，被醫生放棄比患上癌症更加可怕。於是只好由我出面跟院方私下談判，付高價讓父親住進位於醫院最高層酒店式的個人房間。那裡每天都有護士來量體溫、血壓，有醫生來說說話、打打點滴。只是排除了情況變化時戴上人工呼吸設備而造成不知多少年的植物人狀態。

父親晚年喜歡高檔旅行，生命最後的一個月裡，他在東京新宿國立國際醫療中心最高層過的日子，算是最後一趟旅行吧。只是後來我感到納悶，那一個月是否只是勉強延長了父親的痛苦？每天打醫學上並不必要的點滴，導致肺裡積水，最後溺死。

醫院裡等死的病人，每天打點滴、輸入藥液、輸入營養，嘴上戴氧氣面罩，定時量血壓，照心電圖等，結果被好幾條管子、電線拴住，成為日本俚語所說的「義大利麵」狀態。過去二十年，有些人開始覺得，寧願早些自然死也不想苟活成為「義大利麵」；另一方面，政府和醫學界都感到在少子高齡化導致的多死社會裡，讓無藥可醫的老人留在醫院是浪費各方的資源，於是得想辦法叫他們回家。結果，近幾年社會上出現了「訪問醫療」「訪問看護」等服務。不過非強調不可的是，日本政府長期限制移工，直到今天，日本仍沒有如台灣那樣從國外專門請人來分擔照護的制度。

情況開始改變是二〇二〇年起的新冠疫情。日本各地的醫院都有看不完的病人，為了控制集體感染，紛紛謝絕家人來探病。如此一來，一旦住院後就不知道幾時能跟家人再見面了。家裡有老人的，更加害怕醫院環境會促使老人發生失智症狀。結果越來越多家庭與其讓老人住院而乾著急，不如在家自己照顧到底。

首先是我一個老同學的父親。年過九十歲，有輕微的失智症，其他沒有問題。因為太太的年紀也一樣大，同學帶丈夫搬回娘家照顧。疫情開始後的第二年，老人家睡得越來越多，吃得越來越少，家人都感覺到日子不長了。若在疫情之前，很有可能會讓他去住院，避免在家發生意外。但是整整一年看了許多關於疫情的報導後，他們全家都覺得，讓父親留在家中比去其他地方都安全。一天下午，老先生就在陪了他六十年的太太懷抱裡，微笑著斷氣。我在疫情之前，連一次都沒聽過這樣和平的告別。之後，叫來的急救人員把老人家送往醫院，未料驗出了新冠肺炎病毒。按照當時的政策，遺體必須儘早火化，幾天後，老先生就化為一罐骨灰了。儘管如此，太太和女兒都沒有太遺憾的樣子，因為她們在最後的日子裡陪了他足夠的時間。

二〇二二年六月，我公公去體檢查出了肺癌。他當時八十七歲，已超過平均壽命，沒有任何症狀，多年來每星期打幾次乒乓球，體力很好，想要動手術割取腫瘤。然而醫生考慮到他的年齡，動手術對身體的負擔不小，包括化療都不如不做。婆婆和兩個孩子則考慮到在疫情之下住院發生失智症的風險，也同意醫生的建議。公公在生活上都依靠婆婆，夫人不贊同，就寸步難行。後來的一年裡，有半年他持續過著跟之前幾乎一樣的生活。元旦大家聚會時，他在家中戴著氧氣面罩，也不喝酒，其他則照舊，連醫生開處方的止痛藥都很少派上用場。再過四個月，春天過後，起身變得吃力，向市政府申請了電動病床。如今的日本人，還在榻榻米上鋪被褥睡覺的屬於少數，尤其是行動不便的病人老人，都要睡床的。所以，「但願在榻榻米上死」的古老說法實際上早已成了比喻。七月中的一個早晨，老公接到婆婆的電話，說公公剛剛自己起來上廁所，然後坐在馬桶上斷了氣。疫情開始後的第四年，大家都已知道家裡死人不要亂叫救護車了，請主治醫生過來寫死亡報告，就可以正常送葬。

還有鄰居的一位老音樂家，年過九十，稍微失智，還是跟太太兩個人在家過著安寧的日子。家人們都注意到他逐漸衰老，但是沒有嚴重的病情。我公公去世後過沒多久，就聽到老音樂家在家中斷氣的消息。

從一九七〇年代起大約半個世紀，生活在大城市的日本人幾乎忘記了自然法則就是人會衰老而死。若非新冠疫情大爆發，我同學的父親、我的公公、鄰居的老音樂家大概都會在醫院瞑目吧。然而，社會狀況一變化，年邁的八、九十歲老太太們，都勇敢地承受一個人把配偶送走的大任務，真教我刮目相看。

從二〇一〇年到二〇一九年，在家死亡的日本人每年有十五到十八萬人。疫情開始的二〇二〇年以後激增，二〇二二最新統計有二十七萬多人了。看來，疫情相對平靜下來後，這趨勢也不大可能一下子逆轉。一來，日本的不少醫院、養老院，仍然限制包括家人在內的外人來探望住院老人。二來，疫情之後不少人重新明白了：年過平均壽命的老壽星，如果能夠在家平安無事地走完最後的日子，是一種幸運。人生終結，不一定需要住院，或者叫救護車的。

沒有傑尼斯的《紅白歌合戰》

如此大的祕密都能一直被隱藏下來的日本娛樂圈裡，難道就不會存在第二個強尼・喜多川嗎？

日本的公共電台NHK（日本放送協會）每年十二月三十一日晚上播送的《紅白歌合戰》，簡稱「紅白」，開始於一九五一年，至今已有七十三年的歷史。從第三年起引入電視直播，從此每一年的陽曆除夕，開著電視機，邊看當紅歌手與樂團的表演邊吃年夜飯，成了大多數日本家庭年年歲歲都一樣的例行公事。其普及度，連我在大學教書用的漢語課本上介紹中國人看著「春晚」過年的教材文章，都要拿日本「紅白」為例，講述各國大型電視節目如何形成現代的社會習俗。

每一年的《紅白歌合戰》，都會出現當紅的男女歌手，他們以性別分成紅（女）組和白（男）組，要比一比到底哪一組的表演更為優秀、精彩，相當受現場及電視機前的觀眾們歡迎。記得我小時候，在每年的「紅白」中，受年輕人支持的小偶像們都在較早的七點多、八點多時段中露面。到了九點以後，在東京澀谷ＮＨＫ禮堂舞台上唱歌的，很多都是屬於中高齡，並受同一代粉絲歡迎的老明星，因此家中像我這樣的小孩往往覺得無聊而發睏。結果，一年中唯一一次被家長許可的「通宵玩樂」計畫始終難以達成。

然而近年來，到了九點鐘、十點多，舞台上仍然有很多看起來很年輕的藝人。這可以說是日本社會的戀童癖特質延伸到《紅白歌合戰》。若是男歌星，就幾乎無例外地屬於傑尼斯事務所（經紀公司）；若是女歌星，那麼大有可能是著名製作人秋元康旗下的AKB48、XXX46等組合之成員。雖說女性組合的規模更大、人員更多（四十八個、四十六個……），但是傑尼斯的男星們較有清楚的個性，使觀眾容易識別誰是誰。尤其是超級著名的兩個組合SMAP和嵐的成員都只有五個人，不能一一說出成員名字的，在日本全國幾乎沒有。

一九九〇年左右出道的SMAP，從一九九一年到二〇一五年的二十五年時間裡，總共出場了二十三次《紅白歌合戰》；其間有五次，隊長中居正廣同時也擔任白組主持人。那完全可以說是SMAP主宰了「紅白」的四分之一世紀。當初從十三歲到十八歲的五個成員，最後都長成三十七歲到四十二歲。可是直到最後，他們的樣子也沒有變成「大叔」一般，反而呈現一種「超齡美少年」的狀態；畢竟，「美少年」才是傑尼斯事務所旗下藝人的招牌。

SMAP的三個成員跟傑尼斯事務所發生衝突，宣布解散的二〇一六年十二月三十一日，《紅白歌合戰》的白組主持人是屬於嵐的相葉雅紀。那晚，幾乎全體日本社會都等待著SMAP的五個人最後一次在公開場合露面，向全國的粉絲們告別。然而到了最後，SMAP都沒有出現，導致主持人相葉忍不住巨大壓力淚流滿面。從此日本進入了後SMAP時代。

七年過去了，二〇二三年除夕夜的《紅白歌合戰》，不僅沒有SMAP，連任何一個傑尼斯旗下歌手都不出場了。據報導，沒有一個傑尼斯的「紅白」是一九七九年以後四十四年裡的第一次。過去的七年時間裡，SMAP中的反亂三分子長期沒有上電視表演的機會，是傑尼斯事務所方面的懲罰所致。在SMAP之後，成為傑尼斯旗下第一把手的嵐組合，二〇二〇年停止了集體活動。儘管如此，才一年以前舉行的二〇二二年《紅白歌合戰》中，除了原屬嵐的櫻井翔擔任白組主持人以外，還總共有六個傑尼斯組合出場。

忽然到來的「去傑尼斯化」，起因不外是事務所創始人強尼·喜多川（一九三一～二〇一九）對很多男童的性侵案件。出生在美國洛杉磯的強尼，年輕時被徵召去朝鮮半島打仗，後來留在東京任職於美國大使館。顯然他很早就對男童有特殊的興趣，曾經組織少年棒球隊當過教練，跟著在一九六二年創立傑尼斯事務所，開始當上了一個接一個「美少年」音樂組合的經紀人。強尼對「美少年」的戀童癖早在一九六四年已經引起一件官司。後來也每隔一段時間傳出來有關報導、官司的消息、揭黑書出版等。然而，直到他死後的二〇二三年三月，英國廣播公司ＢＢＣ播出了一部關於強尼對旗下男童歌手性侵案件的報導節目以後，廣大日本社會才終於開始把它當一回事。

從傑尼斯旗下的偶像過去很多年都壟斷《紅白歌合戰》的狀況，應該看得出來該公司在日本娛樂界擁有多麼大的影響力。電視台、廣告商、各家贊助商都在跟傑尼斯的合作中取得了巨大利益。連在東京奧運的報導節目裡，都出現了嵐的櫻井翔和相葉雅紀，可見日本政府方面都跟傑尼斯事務所之間有利益關係（其實，櫻井翔的父親是前高級官員）。結果，即使在ＢＢＣ的節目引起了國際關注以後，日本媒體和整體社會的反應還是相當遲鈍。聯合國人權組織派調查小組來日本跟幾個傑尼斯受害者談話，而後確定，人類歷史上最嚴重的兒童性虐待案件發生在日本娛樂圈。最後是三得利等國際大企業開始擔心：在自家廣告裡繼續採用傑尼斯旗下的偶像，會引起公司容忍兒童性侵、虐待的嫌疑，在國際社會上將受譴責。

終於傑尼斯事務所召開記者會而承認已故強尼所犯的罪行後，向公司申請賠償金的受害人數已經超過一千名。他們很多是才十二、三歲的時候想要參加傑尼斯事務所而希望成為偶像、明星，結果接到強尼直接打來的電話，被叫去和那個有洋名的老男人跟好幾個美少年一起住的所謂宿舍（日語稱：合宿所）。多數人第一晚就在洗澡間或被褥中被性侵，但是因為年紀小，往往搞不懂到底在自己身上發生了什麼事，不知不覺間受到上百次性侵的都不在少數。

正式開始調查性侵狀況以後，報導出來的詳細案情，跟之前傳說的內容相比，可說淒慘得多了。加害者無疑是同性戀加上戀童癖，故意挑選了還不懂事的小男孩。如果他們服從強尼的話，就有可能被選拔出來上舞台或者出唱片，從此開始走上成為明星的一條路。如果拒絕的話，則不可能有在娛樂圈裡出名的機會了。可惡的是，強尼也似乎故意挑選家境不寬裕的孩子們。他們一方面特別想要替家長掙錢做孝子，另一方面做父母的受文化程度及社會階層的限制，報警控訴的可能性比較低。

有一個受害者說，當初是單親媽媽替他寄履歷表和照片給傑尼斯事務所的。結果很快就被叫去強尼的住所性侵，覺得受不了而跑走。但是，母親覺得他這樣子丟掉機會太可惜了，最後逼他說出到底發生了什麼事。可憐的母親聽到後責備自己，最後尋短見，留下的兒子成為了孤兒。

從一九六二年到二〇一九年，強尼・喜多川經營經紀公司的半個多世紀時間裡，受害的個人、家庭到底有多少？有一千個受害者就意味著有至少一千個家庭，恐怕達到幾千個家人、親人，影響範圍大得不得了。長期在強尼之下工作或在強尼身邊，睜一眼閉一眼剝削了無數兒童的眾多成年人，他們就無罪嗎？再說，如此大的祕密都能一直被隱藏下來的日本娛樂圈裡，難道就不會存在第二個強尼．喜多川嗎？在其他的經紀公司裡，女童星受性侵的狀況不存在嗎？

傑尼斯問題持續中的二〇二三年秋天，日本媒體也紛紛報導：在只收女生的寶塚音樂學校和歌劇團裡，學姐對學妹的霸凌行為長期存在而且特別嚴重，最近就有一個人因受不了而跳樓自殺了。寶塚的紀律跟軍隊一般嚴厲，是很多年來在日本社會裡經常聽到的「舊聞」。但是，傑尼斯事務所的大規模性侵案件被揭發出來之際，在同一個國家裡，一樣有歷史、有名氣的娛樂機構中，結構性的人權壓迫持續存在著，並且被媒體暴露出來以後，在記者會上否定霸凌存在的，清一色是穿著西裝繫好領帶的「大叔」們，這個組織一看就知道是很有問題的。他們不懂，在如今的世界裡，人權是無比重大的議題，多元化是無可避免且非走不可的方向。

二〇二三年十二月三十一日晚上，在東京澀谷ＮＨＫ禮堂的舞台上，傑尼斯偶像一個都不會出現了。因為這是個特別巨大的醜聞，恐怕主持人都不能提及此事吧。然而有時候，某種東西的不存在，會比存在更大聲地指出所發生過的問題。現在回頭想，二〇一六年沒有了SMAP的那場《紅白歌合戰》，好像預告著今天的到來。也許從今年開始，日本人過除夕的習俗會變得很不一樣都說不定了。

半世紀的結構性共犯——傑尼斯與日本的犯罪

儘管如此，日本政府方面包括警察廳，都對此嚴重案件仍沒做出任何反應。

英國ＢＢＣ電視台播出深入報導的節目《獵食者：日本流行音樂的祕密醜聞》暴露了日本娛樂界大王傑尼斯事務所的創辦人強尼·喜多川超過半世紀以上，一直對所屬的小明星以及練習生性侵。之後半年多，事情的發展越來越讓人覺得：這不僅是強尼一個人的罪行，而是在公司裡、媒體中、日本建制內，都有不少結構性共犯。

例如在十月初，該事務所為此事件第二次召開的記者會上，幾個以敏銳聞名的新聞記者都沒能得到提問的機會。當他們最後開始大聲喊出問題之際，最近當上了事務所第二把手的原V6樂團成員井之原快彥，以大人教導小孩子的語氣向那些記者說：「請大家冷靜下來好不好？這個直播在日本全國很多孩子們都要看的。我不想讓他們看到有些大人不遵守規矩而破壞社會秩序的樣子。」然後，在場的其他記者們竟然拍起手來，表示支持井之原的發言。

傑尼斯事務所召開記者會的目的是為已故強尼．喜多川所做的大規模嚴重兒童性侵案件，透過媒體向廣大社會說明並道歉。但是，替強尼的外甥女負責公司改革的井之原，以及他的學長前少年隊成員東山紀之，都是大家經常在電視上看到的大明星，估計跟娛樂記者之間長期培養了一種共謀關係。當兩位藝人被新聞記者追究起來時，娛樂記者們就要保護藝人了。畢竟，過去半個世紀，傑尼斯事務所為各企業——包括媒體、廣告商以及政府部門，提供的生意金額非常大。相信為了保持自己的利益，很多人都是睜一隻眼閉一隻眼。否則單單一個強尼，怎能一直性侵幾百甚至上千個小男生呢？

根據事務所公布的資訊，目前已經有三百多個受害者主動聯絡，要申請領取賠償金。他們在還沒到青春期以前，就經常在電視上看見活躍的偶像們，憧憬之餘，希望也能加入傑尼斯團隊，讓自己成為明星而出名。誰料到那些來自日本全國的美少年，往往在第一次見到強尼的那天，就被請到他住所也就是所謂的「合宿所」去，晚上在洗澡間或者在被褥裡，被他撫摸陰部、進行口交，直到射精為止。部分人也說自己曾被強尼雞姦。

對大部分小孩來說，那是平生第一次經驗的性行為。有些人還說是第一次的射精。他們當場理解自己身上到底發生了什麼事，應該非常困難吧。可惡的是，在那「合宿所」裡，總是同時住著好多孩子，換句話說，性侵是在半公開的情況下發生。而且，跟當事人面談的法律工作者都明確地指出：強尼的性慾顯然不正常，他每晚都性侵好幾個孩子。果然，受害者們異口同聲地說：屬於傑尼斯事務所的幾年時間裡，受性侵的次數不下於一百次。

強尼絕不是疼愛孩子們，只是利用他們來滿足性慾，根本不管自己的行為對他們的身心會造成什麼影響。他性侵了一個孩子以後，第二天就給他一萬日圓，同時說：下一個演出，你就要上舞台了。如此一來，簡直像是小男生為了錢、為了出名，心甘情願地成了老男人強尼的玩物。那可惡的「合宿所」，對大部分孩子來說是為了上舞台、電視節目，非得通過不可的魔鬼關卡。因受不了而拒絕或者跑出去，成為明星的夢就一下子泡湯了。

這到底是什麼年代？一九八〇年代以後的日本社會裡，中學還沒畢業的孩子為專業而離開父母家，並在教練處居住下來，是只有娛樂界和體育界才保留的規矩。中產階級以上的父母，一般都從保護兒童的觀點著想，不會把孩子們送出去的。果然強尼的受害者當中，有不成比例的人都說來自弱勢社區。顯而易見的，強尼是為了滿足自己的慾望，偏偏挑了受不到父母保護的孩子們來傷害。

還有一件叫人納悶的事情是，他似乎一直利用自己身為日裔美國人的背景。除了自稱為強尼以外，他交談時用的第二人稱始終是「you」。儘管前後文都說日語，但是年少的日本孩子第一次被人稱為「you」，尤其那個人是超級有名的娛樂界大咖，他們的價值判斷不能不受到影響。

關於強尼．喜多川，過去半世紀以來一直有人指責其惡行。有人寫書批評過，也有人將他告到最高法院去，判決都認定了強尼的罪行。儘管如此，廣大日本社會一向都沒有面對：這個人到底做了什麼？他具體對小男生們做了什麼？那對他們後來的生活造成了什麼樣的影響？

事情暴露後，有一些廣告商宣布以後不請傑尼斯藝人當代言人了。畢竟在國際社會，強尼所做的是不折不扣的兒童性虐待，而且犯罪持續時間之長，受害者人數之多都是史無前例的。儘管如此，日本政府方面包括警察廳，都對此嚴重案件仍沒做出任何反應。

反之，聯合國派了人權問題調查小組來跟受害者團體見面談話，確定無比嚴重的性侵案件確實在日本發生了。在十月初的記者會後，聯合國方面又發出參考意見說：如果受害者當時處於無法拒絕的情況下，那麼強尼的行為不是單純的性侵，而是在人權侵犯問題上最嚴重的「使人處於奴隸狀態」。

可悲的是，今天在日本網路以及社會上占主流地位的右派言論卻說，「人權」是西方國家強迫日本接受的概念，有如「性別」一樣，企圖破壞東方傳統的道德觀。如此否定普世價值的言論，在二〇〇〇年代以後的日本，尤其在第二次安倍晉三內閣下，迅速蔓延開來。其具體步驟在大阪每日放送電視台製作的紀錄片《教育與愛國》（二〇一七）中描述得很清楚。

總之，傑尼斯事務所的大規模性侵案件不僅揭開了一個人的異常性慾，而且把整個日本社會人權意識之薄弱，都暴露在光天化日之下了。

性的轉型正義——台版#MeToo和日本傑尼斯案件

> 曾經一九八〇、九〇年代經常發生而人們都見怪不怪的種種事情，現在再也不被接受、不被原諒了。

過去幾個星期，從台灣不停地傳來一個接一個的#MeToo案件。我在日本看著報導，一方面感到很驚訝，因為被揭發出來的個案之多、描寫之詳細，遠遠超過當初的預想。另一方面，我也覺得該會如此吧，因為我還記得一九八〇、九〇年代台灣的社會風氣曾經是什麼樣的。

台灣社會進入了二十一世紀以後，改變很大，也相當快。其中一個很重要的變化發生在性別認識以及兩性的社會風貌上。我們夫妻常講到，以前那些每晚大量喝酒，動不動就打架的台灣男人，後來都去哪兒了？就是侯孝賢導演的自傳性影片《童年往事》主角阿哈那樣的人。老公說，當年跟台灣朋友去喝酒，一次就要喝光半打紹興酒的。怎麼最近去台灣，幾乎沒有人在晚飯時間的餐廳裡喝酒了呢？

我們記得當年殺氣騰騰的台灣社會，也清楚地注意到二〇〇〇年代以後，台灣各個角落裡活躍的女性越來越多，整個社會的氛圍也變得越來越文明、乾淨、合理。那些變化所代表的，應該是新時代台灣要標榜的價值吧。還有，在二〇一〇年前後，自由行的中國人大量湧來，好像使得台灣人覺得需要跟中國人之間趕緊劃清界線，非得進行「差別化」不可。那種心理需求似乎也加速了台灣社會至少在表面上看來的迅速仕紳化（gentrification）。

問題是，社會表面變化的同時，人們的內在也同步變化了嗎？看看這次在#MeToo運動中被譴責的老中青加害者，他們的內在顯然停留在二十世紀。我記得一九九六年在第一次總統直選之前去台灣採訪，當時社會上最大的緋聞是中年企業家和女學生的不倫之戀，叫我驚訝的是，女主角公然說她心甘情願要做他的側室。側室？到底是什麼年代了？台灣到底有沒有實行一夫一妻制？可見在性別觀念保守的社會裡，弱者容易成為自願的受害者。我經查詢得知：中華民國是一九八五年才修改民法推行單配偶制的，但是到了九〇年代，大企業家除了太座以外，還有二房、三房，都是常見的事情。

從財富保障的一夫多妻制到性平甚至同婚，台灣在短短三十年裡走來的路堪稱遙遠。正如在政治制度、政治文化的改變過程中需要進行轉型正義一樣，有關性別的觀念、法律改變的時候，恐怕也需要進行另一種轉型正義。而台版#MeToo非得發生不可，爆發力特別強的原因，大概就在這裡吧。

最近一個案件裡，我看到「乾女兒」一詞，馬上想到陸小芬多年前在黃春明原作改編的影片《看海的日子》（一九八三年）裡飾演的養女角色。過去的台灣女性一直到一九三〇年代出生的一代，很多都走過那條苦難的路。古今中外，孩子一旦失去生母的支持，不容易找到百分之百可信的保護者，而孤獨的孩子常常得面對可惡的「獵食者」。

#MeToo席捲台灣的時候，在日本則陸續有關於傑尼斯事務所創始人強尼・喜多川的性侵案件報導。最早是三月時英國BBC電視台播放了《獵食者：日本流行音樂的祕密醜聞》。後來又有原屬於傑尼斯事務所的不同年代藝人紛紛出來開記者會。其中一名巴西血統的日本人岡本KAUAN，他告白的內容跟其他人相似，只是他的生長背景叫世人更清楚地看到：有弱勢背景的孩子更容易受害，就跟被著名攝影師看上而成為他「乾女兒」的台灣小朋友一樣。

我們活在性觀念大幅度變化的時代。曾經一九八〇、九〇年代經常發生而人們都見怪不怪的種種事情，現在再也不被接受、不被原諒了。在日本，強尼．喜多川對男童的性侵行為很多年來都是公開的祕密。但是，有了BBC的報導後，廣大日本社會終於開始意識到：這是非常嚴重的兒童虐待。

有人說性侵是「對於靈魂的殺掠」。尤其對兒童來說，尊敬、信賴的對象忽然變成加害者，這樣的經驗所造成的心理混亂會害人一輩子的。二十世紀日本最著名的流行音樂作曲家之一服部良一的兒子服部吉次現年七十八歲，他向媒體講述：七十年前的朝鮮戰爭時代，還沒有創立傑尼斯事務所之前去當美國兵的強尼，從朝鮮戰場回來後到東京服部家做客，趁受邀過夜之際，就在家中對當年才八歲的他性侵。第二天男童跟姊姊說了夜裡發生的事。女孩大概害怕了，不讓弟弟告訴母親。

七十八歲的人描述的性侵內容，跟二十六歲的人說的一模一樣。也就是強尼．喜多川對兒童的性侵持續了半個世紀，總體受害者說不定有上千人之多。這是當初沒能叫他停止性侵所造成的嚴重後果。真不知到底有多少人給一名罪犯搞垮了幸福的人生。所以，有關性的轉型正義頗為重要，也確實為必要。無論在台灣，還是在日本。

被過去卡住的日本

日本的問題很明顯，其原因也相當清楚。但是，解決方案呢？

最近有位ＢＢＣ記者寫的一篇關於日本社會的文章，引起了很大的反響。那是Rupert Wingfield-Hayes（中文姓名：傅東飛）在結束長達十年的東京特派員生活之際執筆的〈日本曾經是未來，現在卻被過去卡住了〉（Japan was the future but it's stuck in the past）。這篇文章一月二十日在該電視台主頁上發表後，短短兩天內點擊數就達到三百萬。日本有人自行翻成日文分享，後來ＢＢＣ也發布了日文版本。

傅東飛是今年五十六歲的資深記者，曾經做過北京、莫斯科、中東等地的特派員。在台灣師範大學念華語時認識一名日本女性，跟她結婚後遷址東京，養大了兩個雙語女兒。這次受到注目的文章，算是他總結十年東京特派員生活的心得。此類文章被廣泛閱讀是相當少見的情況，可以說是他觀察深入，立場又很中肯所致。

他一方面回顧一九九〇年代第一次來日本時的感想，覺得這裡應該是人類未來的所在。然而，後來日本社會似乎集體拒絕隨時代而主動變化，結果當年收入超過美國的日本人，現在所得連英國人都不如了。原因到底是什麼？傅東飛也跟其他人一樣指出少子高齡化、排外意識、大男人主義、公部門過度浪費等因素。然後，他引用一位匿名日本學者的話寫道：

「你得明白，一八六八年，眾武士放棄了日本刀、剪掉了髮髻、穿上了西裝、走進了新政府大樓，而他們今天還在那裡。當年他們很害怕在列強施壓面前，日本會陷入跟中國一樣的困境，於是推翻了德川幕府的統治結構，讓日本走上了迅速工業化的道路。但是，明治維新跟法國革命從本質上就不一樣，是菁英階級內的政變而已。那些大家族連在一九四五年的大變動中都沒被打倒。這個幾乎全由男性組成的統治階級有兩個特徵：堅持民族主義，並且深信日本是個很特別的國家。他們認為日本在第二世界大戰中不是侵略者，而是受害者。」

「例如被謀殺的前首相安倍晉三，他父親是外交部長，外祖父岸信介是首相。岸信介在戰時是內閣成員，一度以戰犯嫌疑被美國占領軍逮捕，但是最後沒被處刑。他在一九五〇年代協助創立的自由民主黨，直到今天都坐在寶座上。不少人開玩笑說：日本是一黨制國家。其實不是。那麼我們就要問：為什麼日本選民繼續投票給由菁英領導，恨不得破壞美國強制的和平主義，卻在過去三十年一直沒有成功改善國民生活的政黨呢？」

引用中第一段的內容是單純的歷史事實，卻很少被公開討論，最大的原因應該是既得利益階層為守護自己家族的權利而默默不談吧。目前的岸田文雄首相也是第三代的國會議員。他顯然視國會議席以及其帶來的經濟權益為岸田家族的資產，妥善讓兒子繼承才是自己最大的人生任務。所以，對岸田內閣的支持率一開始下降，他就讓才三十出頭的兒子當上祕書官，準備繼承家產。然而，一代又一代被寵壞的公子，到處鬧緋聞而餵給狗仔隊。一度名氣很大的前首相小泉純一郎之子小泉進次郎、福田康夫之子福田達夫等日本政壇第四代，一個一個都在媒體前主動暴露自己的腦袋空空。

日本主流媒體常談到「政治私物化」，卻甚少探討其原因。二〇二一年三月島田雅彥的小說《麵包與馬戲》問世，勇敢切入了戰後日本政治體制被隱瞞的實際結構。這部小說也似乎預言了高官暗殺案件，因而事後轟動了閱讀圈。

小說仔細描述美國情報局為自身利益操縱日本內閣的手法。表面上看來有十足民主制度的日本，實際上，越走越被少數政壇菁英控制。可是，那些菁英們對民主政治以及日本民生根本沒有興趣。對他們來說，政治不外是在小圈子裡分配權益的手段。

跟其他國家的憲法不同，日本國憲法不是至高的法律。日美安全保障條約以及附屬的日美地位協定凌駕一切。這一點在過去多次的審判中也被證實，所謂「統治行為論」乃日本最高法院駁回有關在日美軍案件的時候，每次提出來的論據。「對於具有高度政治性的國家行為，即使法院能在技術上進行法律判斷，都要從司法審查的對象中除外」。

換句話說，自從第二次世界大戰中失敗，日本一直是美國的殖民地。所以，美國總統到日本來，不需要辦入境手續；空軍一號飛機直接降落於日本國內的美軍基地，總統換坐車子，又直接開上日本公路。連普通美軍士兵在日本也享受治外法權，於是基地集中的沖繩過去多次發生小女生被強暴的案件，犯人甚少被抓被審判，往往送回美國就不了了之。

關於日美地位協定帶來的問題，過去十年有白井聰《國體論》、矢部宏治《不可知道》等書指出來。然而，主流媒體不報導，國會從不正面討論。目前的岸田文雄首相，因為屬於自民黨內有鴿派傳統的宏池會派系，當他剛上台的時候，不少日本人期待他會往日美關係正常化的方向努力。實際結果恰恰相反。安倍晉三被謀殺後，在短短幾個月裡，岸田內閣實際上推翻了日本國憲法第九條寫明的和平主義。嘴裡說是為了對抗中國擴大軍力，實際上就是無法拒絕美國向日本強行推銷二手導彈。

回到英國記者的問題：日本選民為什麼繼續投票給政績並不佳的自民黨呢？最根本的理由還是日本人從來沒有主動爭取過民主制度。沒有爭取過，所以不珍惜，甚至心甘情願地接受美國的殖民地待遇。說真的，在連憲法都不是至高的國土，哪裡會有真正的民主？

日本的問題很明顯，其原因也相當清楚。但是，解決方案呢？在《麵包與馬戲》裡，半途失敗的政治恐怖主義引起了政壇上的權力變動。現實中，自民黨上層最關心保持現狀。其結果，的確就是英國記者筆下「被過去卡住的日本」沒錯。

Part 2

現實與虛構的日本

漫畫一路翻了身

毫無疑問地，在如今的世界，動漫作品的市場遠比文學作品或文藝電影市場大。

日本漫畫家鳥山明年僅六十八歲就中風去世，迅速引來了全世界粉絲們的哀悼聲音，可以說使很多日本人吃了一驚也大開眼界；雖然他是一位很著名、很成功的漫畫家，但是我們在日本完全沒想到鳥山明的名聲是如此世界性的。這有點像二〇二三年在中國上映動畫片《灌籃高手》的時候，有不少粉絲為了一睹為快而徹夜排隊，成為日本媒體的頭條新聞，也是因為很多日本人根本不知道中國原來有那麼多《灌籃高手》鐵粉。

鳥山明去世以後沒多久，又從美國傳來了宮崎駿以《蒼鷺與少年》獲得了奧斯卡最佳動畫片獎，山崎貴導演的《哥吉拉—1.0》則奪下了最佳視覺效果獎的雙喜消息。對於宮崎駿在全世界的名聲，因為他二〇〇三年也以《神隱少女》獲得過奧斯卡獎，日本民眾都有一定程度的認識。這次日本眾怪獸中的老大哥哥吉拉都登上了世界電影之都好萊塢的殿堂，不亦樂乎。

如此一來，好像可以說：放眼全世界，日本製造而廣泛受到高度肯定的，非動漫作品莫屬。

前些時日我去巴黎，有一天坐郊外火車去小鎮吉維尼訪問了印象派繪畫大師克洛德・莫內的故居。除了院子小池中的睡蓮以外，印象最深刻的是房子裡的牆上掛滿了浮世繪版畫作品，總共約有兩百幅之多。其中有葛飾北齋、歌川廣重、鈴木春信等名家的作品。十九世紀末到二十世紀初，所謂日本主義曾席捲法國藝術界的歷史，我早就聽說過，但是親眼看到大師莫內對浮世繪如此深愛，還是不能不受感動的。

西方繪畫從文藝復興時代起，引進遠近法來使畫中世界跟現實一般的三次元立體，然而遠在東方的日本，直到十九世紀後半的明治維新以前都不知道遠近法為何物，結果畫中的世界永遠是沒有陰影的二次元。法國畫家莫內愛上的浮世繪版畫也始終是二次元的平面世界，不過其中確實有討人喜歡的可愛之處，不難發現有跟現代漫畫同一性質的吸引力。

日本漫畫的歷史，一般來說能追溯到公元十二、十三世紀的《鳥獸戲畫》等作品。江戶時代的浮世繪中，葛飾北齋就發表過題為《北齋漫畫》的系列版畫，雖然沒有現代漫畫般的故事情節，但是顯然有諷刺的精神和逗樂的意圖。進入明治時代後，英國報紙刊登的時事諷刺漫畫對日本畫師們起了啟發的作用。明治末年在文豪夏目漱石的推薦下成為《朝日新聞》專屬漫畫家而一下子走紅的岡本一平，就是日後的大藝術家岡本太郎的父親。

不過，後來的很多年，漫畫在日本社會上的地位並不高。我出生長大的一九六〇、七〇年代，漫畫雜誌基本上是給兒童看的東西。自認是好孩子的，則儘量敬而遠之不去看。至於像樣的大人，只會看報紙上的時事漫畫。若有大人翻看漫畫雜誌而哈哈大笑的話，是要被視為智商不高的。

未料，後來日本漫畫在技術、內容兩方面的發展程度都超過了任何人的想像。一九九〇年代，我從國外回來當了母親，很驚訝地發現，政府公共衛生部門發給新手母親的資訊中，很多都要靠漫畫而不靠文字來傳達關於醫學或法律、政策等的重要訊息。給小朋友看的歷史書、故事書，很多也採用漫畫的形式了。可以說，從小看漫畫長大的一代人成為大人，要麼生孩子或者當公務員，果然對漫畫這種媒介，看法變化很大，偏見少了很多。

二〇〇〇年代，我每週都看西原理惠子在《每日新聞》上連載的親子漫畫《元氣媽媽》。她的一男一女兩個孩子跟我家老大老二幾乎同齡，在西原漫畫中被描繪的很多生活細節，跟我家發生的現實幾乎一模一樣。當時我在一篇文章中寫過：西原的漫畫作品有時比純文學作品還要深刻。

不僅如此，我逐漸發現在日本社會，要把新的社會觀念如兒童虐待或性別平等的議題傳播出去，漫畫的滲透力是不可低估的。當下的人們滑手機、看漫畫，但不一定看紙本書。要滲透到廣大群眾的心裡腦裡去，漫畫恐怕是最好的媒介。

比漫畫還要迅速發展的媒介，還有大家熟悉的社群網路。我們在網路上能接觸到的資訊越來越多。我的同代人學外語的時候，教材曾是以紙本書為主，若要聽聲音的話，非得另花錢去買卡帶，但價錢會比教科書本身還要貴。然而二十一世紀的外語學習，託網路的福，聽覺教材不僅無限多了，而且其中很多是免費的。

二〇一〇年代以後，我常聽到見到一些靠網路上的動漫作品或者追著偶像學日語學到家的外國年輕人。香港學運的重要人物周庭，她的日語口語好到似乎比英語、華語還要好。另外有寫日文小說獲得芥川獎的台灣作家李琴峰，她說是在台灣鄉下獨自看日本動漫作品、上網學到超好的日文。她說從動漫作品學來的日文詞彙跟課本上教的很不一樣：僕（我）、友情、夢、頑張る（努力）、學園祭（校慶）……她舉的那些詞彙，跟上一代看著教科書、查著辭典學到的日文詞彙很不一樣。可見以學校為背景的動漫作品，給包括華語圈的外國學生們打開了通往日本文化的另一扇門。

毫無疑問地，在如今的世界，動漫作品的市場遠比文學作品或文藝電影市場大。僅僅幾十年時間裡，漫畫真是翻了身的。

儘管如此，若有年紀和權力都很大的政治家，公然說愛看漫畫不愛看書的話，那麼身為選民一定要擔心國家的未來。在日本長期執政的自民黨，有幾個年紀特別大的政治家，就是不肯放棄權力，要繼續影響大局。其中有一九四〇年出生的麻生太郎（現年八十四歲）。他的高祖父是明治政府的元老大久保利通，祖父是第二次世界大戰後聞名的首相吉田茂，妹妹則嫁給了現任天皇的叔叔，可以說是背景比誰都強大的一個人。

麻生太郎本人從二〇〇八年到二〇〇九年當過一年的首相，然而因為政績差，很快就下台。那一段時間，他在國會或國際舞台上，講話一定要看幕僚寫的稿子不在話下，還常常唸錯漢字，除了叫國人臉紅以外，還叫人擔心首相的智商到底有沒有問題——那跟他的愛好是漫畫究竟有沒有關係？

網路上有他三十七歲時候的照片，在書架前坐下來認真看著漫畫書，不僅是那一本，而且書架上擺的其他很多書，都是清一色的漫畫書。兩年後，他當上了眾議院議員。後來當外務大臣（外交部長）時期接受媒體訪問，還公然說每個星期看十幾到二十本漫畫雜誌。從首相的位置退下來以後，繼續擔任漫畫議員聯盟最高顧問的麻生太郎，也一直留在自民黨的最高層，繼續左右著首相的人選以及重要政策的取向。

頗有趣的是，當麻生太郎當首相的時候，動畫大師宮崎駿有一次在日本外國特派員協會開記者會，被問到對首相公然說愛看動漫有什麼想法？宮崎駿居然回答說：「很可恥的。那是私下做就好的事。一個國家的首相不必公然說自己熱愛看漫畫。」麻生太郎的政治立場向來屬右翼，甚至說過可以借用納粹的政治手法去修改憲法。他特別對外強調自己愛動漫，顯然是為了「軟化」鷹派的形象。估計宮崎駿嫌棄的是右派政治家為了自己的利益而利用動漫。

總之，如何評價上世紀發動的戰爭，仍然是日本政治上的大問題。不僅宮崎駿的一些作品牽涉到戰爭，這次獲得了奧斯卡特效獎的《哥吉拉—1.0》也以二戰成了廢墟的東京為背景，主角更是前神風特攻隊隊員。對於政治傾向相反的兩部日本片，美國電影界都表示了認同。可在日本，有些人卻提出異議。著名電影評論家四方田犬彥就在臉書上寫過：《哥吉拉—1.0》是很危險的電影……它隱蔽歷史，用女聲合唱使懷舊情緒高漲，為一部內容非常危險的影片。

二戰結束後快要八十年了。當年的敵國如今是同盟國。但是將來又會如何？實在很難說。眼看著歐洲和中東的戰爭無法止息，誰也不該太樂觀吧。

「中華料理」新潮流

這些年日本經濟景氣不如以前，當年常跟朋友光顧法國菜、義大利菜等館子的年輕人，最近大多去更加庶民化的中餐館。

日本最近有一本中菜食譜書受大眾歡迎到堪稱出奇的程度，在問世後的四個月裡已刷六版，總發行量達到六萬本。這本書的作者並不是著名的廚師或者常上電視的料理家，而是一名中年男性上班族，曾替日本企業駐在中國十年，其間親自品嚐並留下詳細紀錄的南北風味超過五千種。大約為本職需要保持低調的緣故，他至今不公開真名也不公開樣貌，以「酒徒」為筆名，過去十多年在個人網頁上，圖文並茂地介紹過簡直無限多種中國菜的做法。

二〇二三年十月，由Magazine House發行的《あたらしい家中華》（新版家庭中華料

理）還沒上市之前，社交網路上已有人爭先恐後地貼文說：要預訂！已預訂！可見在推特上追他的粉絲們早就等待著紙本書的出現。當該書終於抵達東京各家大書店之際，果然一下子爬到暢銷書排行版的最高處去，而後則是一掃而空，叫出版社即時宣布「決定重版！」。有幸在第一時間裡買到的人們，馬上按照書上介紹的方法去做來吃，又爭先恐後地刊出照片並異口同聲地大喊道：太好吃、太容易、太厲害了！

《家中華》這本書的封面是青花瓷碗裡的肉末蒸蛋照片。淡黃色的滑蛋上撒著蔥花，給人印象很洗練。書腰上的文案說：不用雞精、蠔油、豆瓣醬，易做、清淡，每天都想吃。翻開書本看內容，封面上的這道菜所需要的調味料只有鹽、醬油、紹興酒、麻油而已。而且把肉末換成其他材料，就能做出小沙丁魚蒸蛋、干貝蒸蛋等。要做番茄炒蛋的話，除了番茄和雞蛋以外，只需要食用油和鹽巴。而且，換了一下配料，也能輕鬆做出蘆筍炒蛋、毛豆炒蛋、苦瓜炒蛋、胡蘿蔔炒蛋、扇貝炒蛋、黃瓜炒蛋、青椒炒蛋等不同花樣的小菜。

普通日本人熟悉的中國菜，主要是味道較重的麻婆豆腐、青椒肉絲、乾燒蝦仁、回鍋肉等，要麼上館子吃，或者買綜合調味料自己炒，始終沒多少花樣，並且吃起來口味感覺偏重。相比之下，《家中華》介紹的菜餚多用蔬菜、雞蛋、冬粉等，肉類則以肉末和雞肉為主，幾乎沒有用上大塊豬肉、牛肉的，讓人感覺滿新鮮且特別健康。

作者酒徒先生，過去在個人網頁上發表的食譜，其實有排骨、羊肉、海鮮等不同材料。這次的書，估計是跟廣大讀者初次相識的緣故，出版社方面故意推出了「易做、清淡」，叫人不禁說出「每天都想吃」的家常小菜食譜。說起來其實有點矛盾：廣大日本人最熟悉的外國菜無疑是中國菜，然而同時，日本人認識的中菜範圍也相當狹窄。於是《家中華》這樣的食譜書有很大的餘地讓大夥大開眼界。

最近我看到《朝日新聞》的調查結果：在家自己油炸食品吃的日本人，大概只占一半而已。另一半家庭，並不一定不吃炸物。當他們想吃可樂餅、唐揚雞、炸豬排時，就從商店買回來用微波爐、烤箱加熱，因為炸物需要大量食用油，炸完了怎麼處理，很多日本人想都不想太花心思。《家中華》介紹的食譜幾乎不包含要油炸的，卻多用炒、蒸、煮等烹調法。尤其把芋頭、茄子等蒸熟後再炒或調味的做法，顯然叫不少日本讀者驚豔。

這些年日本經濟景氣不如以前，當年常跟朋友光顧法國菜、義大利菜等館子的年輕人，最近大多去更加庶民化的中餐館。其中有早就日本化，並且以鍋貼、炒飯、炒韭菜豬肝等為主打的所謂「町（街頭）中華」店，也有這一、兩年越來越多從中國出來在日本做中小規模投資的「真中華」店。後者集中在東京城區的池袋、高田馬場，以及稍靠郊區的小岩、西川口等地。

疫情後出國移民的中國人，選擇日本為目的地的趨向相當明顯。二〇二三年東京二十三區的新房平均價格超過一億日圓的現象，應該不是當地日本人炒房所致。「真中華」餐館集中地之一高田馬場，亦是針對來日本上大學的中國籍學生所開的補習班最為集中。中國政府限制人民幣外流，然而出國留學生的學費和生活費則另外看待。果然今年考日本大學的中國學生大幅度增加，其中不少就住在父母給他們買下來的房子。

總之，目前日本人能吃到的中國菜，從過去只有「町中華」的冷局面，已發展為一邊有「真中華」，另一邊也有「家中華」，一種百花齊放的狀態了。

下一步該怎麼走？——川上未映子與她的《黃色房子的四姊妹》

> 進入了零成長時代後，再也無法靠自己一個人的能力或努力出頭翻身了。

這些年都說小說的讀者越來越少，日本也不例外。可是，在社群網路上，卻有不少年輕人互相推薦好作品，也熱情發表讀後心得。最近尤其有很多小說愛好者分享，看著川上未映子的新作品《黃色い家》（英文名是Sisters in Yellow，暫譯為「黃色房子的四姊妹」），她們對主角產生深刻的共鳴，忍不住流下眼淚。這本書問世之前的二〇二三年一月，美國傳來新聞，表示川上未映子二〇一一年發表的作品《一切在深夜裡的情人們》入圍二〇二三年美國國家書評人協會獎。雖然最後沒得獎，但目前看來，在於村上春樹之後，若有日本作家能列入世界文學之中，那大概就是這位川上未映子了。

川上未映子最早作為職業歌手出道。二〇〇八年三十歲時以小說《乳與卵》獲得芥川龍之介賞，第二年又獲得了表彰優秀詩人的中原中也賞。之後，她不停地發表小說作品，也贏得好幾項文學獎。她的小說亦受國際矚目，二〇一九年作品《夏的故事》已經在四十個國家翻譯出版；《乳與卵》被選為二〇二〇年紐約時報優秀作品和時代週刊十大好書；二〇〇九年作品《天堂》則於二〇二二年入圍英國布克翻譯文學獎。

這本新小說《黃色房子的四姊妹》，主角是在東京郊區長大的女孩子「花」。她是母親當吧女一手帶大的獨生女，從小人生的目的是儘早獨立成人，以便減輕母親的負擔。可是，她邊讀高中邊在連鎖餐廳打工賺的錢，卻被母親的男友全數偷走。對自己的環境感到絕望的花，投靠母親的知己黃美子，在她工作的酒館裡幫忙，卻逐漸發現黃美子有一定程度的發展障礙，缺乏正常大人該有的責任能力。後來，另外兩個孤獨女性也加入她們的組合。被主流社會排斥的四個女性在東京，為了生存，為了錢，逐漸接近黑色勢力……

標題中的黃色房子指的是：在四個女性共同租賃住的房子裡，有一個角落被主角花擺放了一大堆黃色的吉祥物。後來她們遭到厄運時，用油漆把一面牆全塗成黃色。之前，花為黃美子的酒館取的店名叫做檸檬。這一切，都是花相信黃色會幫她招財的緣故。

花沒受過良好的教育，透過日本大眾媒體，接觸到源自漢人文化的風水。她只知道黃色會帶來好運，而由她看來，好運就是發財。偶爾去書店，花翻看的唯一一本書是算命書。除此之外，她沒有宗教或任何意義上的信仰。從小離開父親，她生活中也沒有親戚。

過去兩年，日本有個新的流行詞叫「親喀嚓」（親ガチャ）。後面的「喀嚓」是扭轉扭蛋機時發出的聲音，前面放了表示父母的「親」字，綜合起來的意思是「出身好壞決定一切」。在國家經濟成長的時代，出身不好也能靠自己的本事克服。然而，進入了零成長時代後，再也無法靠自己一個人的能力或努力出頭翻身了。

例如小說的主角花，她最早自己打工賺的錢被偷，是因為她和她母親都沒有銀行戶頭。她們貧窮，並不完全是說她們沒錢，她們更缺少所謂的社會資本，即學歷、家庭關係、朋友關係、工作經驗、社交能力等。她們屬於弱勢群體，連像樣的身分證都沒有。所以，當黃美子開的酒館無法繼續營業後，就沒有另外尋求生存的方法。唯一願意幫助她們的男性朋友，是韓裔家庭出身，沒做過正當工作的映水。

進入二十一世紀後的日本，新自由主義者提倡「自我責任」的聲音日趨增大，好像弱勢群體之所以弱勢，是他們不夠努力或者自作自受的結果。然而，以花為例的經濟弱者之外，社會上還有類似黃美子這樣，從外表不一定看得出來的發展障礙者。一般的體力工作，黃美子大概都能做到。但是，當她遇到較大的問題時，就沒有能力想好下一步該怎麼走了。

《黃色房子的四姊妹》是情節牽涉到經濟犯罪的黑色小說。我曾在日本跑法庭新聞時得知，送到法院來的嫌疑犯中，弱智人士占的比率不低。他們要麼缺乏法律知識，或者容易被騙，也有一些從小被犯罪分子帶大，沒有正常辨別是非的能力。屬於優勢群體的人們很少在日常生活中接觸到各類弱者，往往想像不到是什麼樣的成長過程，才使他們輕易糟蹋自己的一輩子。

至於小說家川上未映子，光看她華麗的經歷很難想像，但她自稱是街頭出身，高中畢業後為了掙弟弟的學費，白天在書店打工，晚上在大阪北新地的酒吧上班，跟花街柳巷的媽媽桑們學到各種人生知識。關於《黃色房子的四姊妹》，她接受《紐約時報》訪問時說，這是跟谷崎潤一郎的《細雪》一樣，關於四個女性的故事。她也說，只看新聞報導很難知道每一則案例中的個人因素，文學的任務之一，就是去想像事件背後存在的故事。

大江健三郎去世了。村上春樹年紀大了。最近在日本文壇上，有頗多女作家特別活躍。除了川上未映子（一九七六年生），還有山崎Nao-Cola（一九七八年生）、津村記久子（一九七八年生）、島本理生（一九八三年生）等。她們的女性主義傾向非常明顯。我特別高興新一代的作家們為新一代的讀者提供他們切身需要的故事，並且給予他們看著小說哭泣一番的至高經驗。

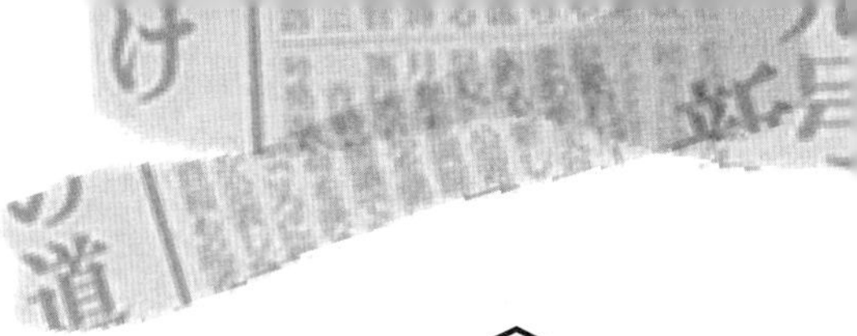

《在車上》好看嗎？

我讀中學的時候，村上春樹出道。他的小說，我幾乎全部都在第一時間裡用原文看過。長久以來我都引以為榮。

村上春樹短篇小說改編的長篇電影《在車上》先獲得坎城影展最佳劇本獎，後來拿到奧斯卡金像獎最佳國際影片。這可說是在國際影壇上大放異彩，我覺得非去看不可了。

自從疫情開始後，看戲都在自家的電腦或電視螢幕上，竟記不起到底相隔多久沒去戲院了，這回要去新宿歌舞伎町大型的複合式劇院東寶電影院。還清楚地記得疫情剛開始的時候，這裡的牛郎店被官方視為高風險場所，一度成為警察巡邏的焦點。現在第六波疫情剛過去，又恰逢週日，以年輕人為主的遊客觀眾，冒雨出來的可多著呢。

影片剛開幕，主角與妻子的關係包括他們之間的性生活在內，由我看來一點現實感都沒有。過了四十歲的日本夫妻，會是這樣做愛的嗎？至於寫電視劇本的妻子在床上邊編邊講的故事，情節像是《重慶森林》裡的王菲所為。關鍵在於我從來沒聽過日本女性從嘴裡發出德文單字Onanie（自慰），尤其是重讀第一個音節的。

這樣的人物形象到底是從哪裡來的？當然是從村上春樹的小說來的。這部電影的起點就是監製山本晃久想把村上的小說拍成電影。濱口龍介答應當導演以後，才去找村上小說中可拍成電影的有哪些。他的結論是《沒有女人的男人們》所收錄的〈在車上〉等幾個短篇綜合起來就有可能。

村上春樹是全世界最有名的當代日本文學家。由緊跟著是枝裕和逐漸走紅的濱口龍介搬上銀幕，在國際上成功的機率就很高。我自己前些時候看黑澤清導演的《間諜之妻》而感嘆：劇本寫得實在巧妙。那部劇本就由濱口龍介撰寫，而他是黑澤清在東京藝術大學電影研究所培養的學生。這間二〇〇六年開辦的研究所，是日本唯一一所專攻電影製作的研究院。

影片《在車上》剛開始散發的沉重虛假感，場景移到廣島市的話劇舞台以後明顯改善。來自不同國家的演員們說著不同語言演出的俄羅斯大師契訶夫作品《凡尼亞舅舅》，比起東京娛樂圈的時髦中年夫婦，給人的印象現實很多。再說，把已經夠複雜的劇中劇，用多種語言去演出而不讓觀眾感到被放棄，濱口龍介寫劇本的能力實在出類拔萃。怪不得他贏得了坎城影展最佳劇本獎。但從原著來的年輕女性駕駛員形象，還是嚴重缺乏現實感；好在故事最後導演給她補充了稍微可信的成長背景。否則一部長篇電影連一次流淚的機會都不給觀眾，完全不起淨化作用怎麼可以？

看著整整三個小時的《在車上》，我主要是佩服劇本寫得很好。濱口龍介本科讀的是東京大學文學系美學專業，然後上了剛開設不久的東京藝大電影所。可以說，日本電影界出現了第一代的學院派導演。他的作品理性很強，不合理的部分很少，結果很耐翻譯，受國際歡迎是滿有道理的。

然而，並不是所有的觀眾都像我這麼想的。一同去看的老公覺得故事情節不夠強。大學生女兒則對村上春樹作品充滿的「老頭味」吃不消。世界變了，曾經擁有很多女大生粉絲的村上，最近幾年卻淪落為「文學系女生不看的小說家」之類。她們所說的「老頭味」，用上世紀的術語就是「大男人主義沙豬味」。

女兒指出，《在車上》的男主角一開始就專門對女駕駛員說話時不用敬語。對誰都彬彬有禮的他，為什麼光光是對她不講禮貌呢？原因不外是她的性別和年齡吧。說不定還跟她外表有關。因為在村上原著裡，主人翁就很清楚地說，無論從哪個角度來看，她都算不上是美女。反之，講到已故妻子時，說：她是（比他）小兩歲的女演員，長得很美麗。可見對他（以及恐怕作者）來說，女性首先就有美麗和不美麗之別。不僅如此，原著小說一開始就寫「開車的女性能分成兩個類別」，這不是刻板印象嗎？

我讀中學的時候，村上春樹出道。他的小說，我幾乎全部都在第一時間裡用原文看過。長久以來我都引以為榮。然而，大概從二〇〇二年的《海邊的卡夫卡》開始，我就注意到他對女性主義者不甚友好，在《海邊的卡夫卡》裡描寫四國圖書館工作人員的文筆很諷刺。在《1Q84》裡，女主角青豆去世，我也很不服氣。老實說，這部《在車上》尤其是原著，我都覺得充滿了「老頭味」。

那麼，這次西方電影界包括美國電影學會，都讚揚《在車上》而沒指出其中的性別歧視是怎麼回事？大概歸功於濱口劇本的理性處理，以及飾演主角的西島秀俊相當克制男人味的演技。你說呢？

當我談到父親的時候……——村上春樹和父親

村上在這次的散文中第一次吐露，至少有二十年時間，跟父親完全沒有見面，也很少通電話。村上春樹說：雖然每個人都是獨特的，可是在歷史的大河流裡，一個一個人像是一滴一滴雨水；越寫文章越感覺自己逐漸變得透明。

眾所周知，村上春樹是當今全世界最有名的日本小說家，每年都有報導說他入圍了諾貝爾文學獎。最近一期（二〇一九年六月號）的日本《文藝春秋》雜誌刊登了他寫的一篇散文：〈棄貓——當我談到父親的時候，我談些什麼〉。文中村上第一次寫到他跟父親的不尋常關係。

村上春樹出生於一九四九年一月，屬於日本戰後的嬰兒潮一代。他父親村上千秋則是一九一七年出生，乃京都一間佛教寺廟收養的次男。日本的傳統習俗是長男繼承全部家產。於是，不僅女兒要嫁出去，連次男以下的兒子都往往被送出去當別人家的養子。村上千秋小時候也被送去奈良一間佛寺，可是對環境不習慣，不久又被送回老家來了。這經歷其實很像文豪夏目漱石的幼年時代，大概可以說是國家近代化以前並不少見的現象。不過，已七十歲的暢銷作家特地執筆寫下父親兒時的經歷，不外是因為他覺得父親小時候的經驗間接地影響了自己的人生。

散文開頭就講到春樹小時候，跟父親一起騎自行車到離家大約三公里的海灘，為的是放棄一隻貓。然而，當他們回到家時，那隻貓早已回來迎接村上父子。春樹寫道：父親的表情先是發呆，然後慢慢變成了佩服。這件小事一方面跟父親小時候的經驗共鳴，另一方面也跟父親二十歲參軍時的經驗共鳴。

村上春樹的父母都是中學的語文老師。父親並且是長年做俳句的俳人。春樹是他們的獨生子，在大阪和神戶之間的中產階級地區長大，從小愛看書，但功課並不特別好。相比之下，父親千秋頭腦靈光，從佛教中學考進名門京都大學，讀書讀到研究院。如果中間沒有被徵兵三次耽誤時間，能做個大學者都說不定。只是，日本戰時戰後的社會環境逼迫他中途放棄學者夢，非得當中學教師養家餬口。

由那樣一個父親看來，除了沉迷於看外國小說以外，也聽音樂、跑步、打麻將、交女朋友的獨生子顯得特別沒有出息。當他從位於東京的早稻田大學畢業後結婚，先開咖啡館，後來寫小說而獲得文學獎的時侯，父子關係已經鬧得相當彆扭了。村上在這次的散文中第一次吐露，至少有二十年時間，跟父親完全沒有見面，也很少通電話。父子絕緣究竟是怎麼來的，他都沒有講清楚，只是暗示：跟散文中寫的幾件事情有關係。

村上春樹小時候對父親的回憶，首先是那個棄貓事件，然後是每天早上，父親都一定跪著念經的背影。兒子問過父親：為誰而念的經？父親回答說是為了跟自己一起上陣而戰死的日本兵，以及曾經敵對的中國老百姓。春樹也寫他自己剛上小學不久的時候，父親告訴他，自己所屬的部隊有一次斷頭殘殺過無辜的中國籍俘虜。那個中國人直到最後都不喊不鬧，泰然自若地接受命運的態度叫千秋一輩子都佩服不已。幼年的春樹聽了之後，那殘殺的場面成了揮之不去的強迫觀念。

村上春樹的小說中，如早期的《尋羊冒險記》，或最近的《刺殺騎士團長》，都出現有關第二次世界大戰的記述。其實戰後第一代的日本人，以村上春樹為代表，都想問而不敢細問父親在戰爭年代當兵時到底做了些什麼事情。村上自己從寫《挪威的森林》在全世界出名的四十歲左右起，直到二十年後父親得癌症快要瞑目的時候，都沒有去見父親，更沒有跟他談當兵時候的經驗。相隔許久才去見的父親，已經全身都是癌細胞，整個人都瘦小了一圈，不大能說話了。

做兒子的調查父親年輕時候的經歷，乃在父親去世以後再過五年才著手的。從一九三八年到四五年，從二十歲到二十七歲，村上千秋總共被徵過三次兵。尤其在太平洋戰爭時期，一些日本部隊的陣亡率超過百分之九十，而且最大的死因是餓死，幾乎是日軍當年所說的「玉碎」（全體陣亡）狀態了。他自己能夠活著回到日本，簡直是奇蹟。不用說，如果村上千秋沒有活著回到日本來，他也不會結婚並生育後來的世界級作家。

一九七九年問世的《聽風的歌》以及第二年出版的《1973年的彈珠玩具》，都充滿著美國式的輕浮氛圍。到了八二年的《尋羊冒險記》就開始探討日本跟中國大陸的歷史關係。他在華文圈的人氣非常高，可是他自己幾次表明過，不習慣吃中國菜。顯然是早年父親給他描寫的場面留下了精神創傷，叫他對中國菜倒胃口。

在散文裡，村上寫道：父親生前甚少講過早年在戰場上的經驗，估計不管是自己做的還是目擊別人做的，都不想回顧，都不想說。可偏偏就是殘殺俘虜的事情，他似乎覺得非告訴兒子不可，即使會在兒子的心裡留下一輩子都不會治癒的創傷；因為那才是歷史的意義。

村上春樹說：雖然每個人都是獨特的，可是在歷史的大河流裡，一個一個人像是一滴一滴雨水；越寫文章越感覺自己逐漸變得透明。恐怕跟他沒有兒女有關；父親去世，母親患上痴呆症以後，以往確實存在過、發生過的很多事情，都開始失去現實感。

在大阪和神戶之間的中產階級地區有獨門獨戶的村上家，那裡曾經發生俳人父親和小說家兒子之間的糾紛。但是，當事人之一已經不在此世，被小說家兒子白紙黑字寫下來的文字好比是墓誌銘。正如墓碑經過風吹雨打，上面寫的字也越來越不清楚一樣，一代一代傳承下來的村上家故事不久也沒有人繼續講下去了。幸虧有一個小說家替村上家以及日本這個國家寫下幾本長篇詩劇，即使作為並不永遠的墓誌銘也好啊。

紀實與虛構之間——李琴峰的非出櫃小說

> 換了名字，過了大海，用起外語，我仍然是我。偏偏因為我是我就要被世界排除。

李琴峰是奇特的作家：在台灣出生長大，以中文為母語，十五歲開始學日語，大學畢業後赴日本讀碩士，四年後邊上班邊寫的第一部小說獲得文學獎，二〇二一年以《彼岸花盛開之島》成為了史上第一位台灣籍芥川獎得主。不僅如此，她也把自己寫的日文小說一部又一部地翻成中文出版（多麼不簡單！）。另外，她一向對社會政治議題勇敢地發表意見，結果引來了種種批評、批判、造謠、攻擊，其中有網路上的也有現實中的，給她本人的壓力負擔應該不輕。可是她就是不住口，不停步。

我雖然早知道這些，但是二〇二四年六月三十日問世的第十部作品，長達四十萬字，厚達三十五毫米的《在這言靈祝幸之國》還是嚇了我一跳。太厲害了吧，李琴峰！

她在個人網頁裡把這本書說成是「紀實虛構」（documentary fiction）。主人翁是彷彿作者化身的台灣籍小說家柳千慧。其他日本小說家和政治家等多數以真實姓名登場。李琴峰過去發表過的文章和演講內容、日本法院有關同婚的判決文書等亦如實收錄。也就是說，讀者有充分的理由去相信該書寫的內容有現實根據。

總共十一章的厚厚一本書，直到第五章都記下主人翁獲得了芥川獎以後，發生在生活中的一連串災難。首先是十年前分手的老情人轉為跟蹤狂忽而在網路上復活，並發來郵件，甚至要拿主角的私密來威脅。對此她拜託在台灣當律師的弟弟幫忙對付。

其次是日本的網右圈子，對她在得獎記者會上的發言不滿意而開始攻擊她。會上被問及「想忘記的日文有什麼？」，她以調皮小孩子的語氣說了「美麗的日本」。那一句的鼻祖是小說家川端康成，當他得到諾貝爾文學獎後做的演講標題就是「美麗日本的我」。不過，頗受網右支持的已故安倍晉三首相，上台之後常常說他的政治目的就是使日本成為「美麗的國家」。於是當李琴峰說「想忘記的日文是『美麗的日本』」之際，既有典故又具諷刺意味，本來沒有什麼不對的。

然而，日本網右分子對世界的理解很單純。他們寫道：台灣是親日國家，如此汙衊日本首相的不可能是真正的台灣人，肯定是反日左翼搞的破壞。甚至在留言上附上刀槍的照片說「不喜歡日本的外國人，馬上滾出去！」。這些仇恨言論之可怕就在於在很短的時間裡，會由幾百個同類人向全世界無限擴散出去。

果然，仇恨言論抵達台灣之後，更大的打擊就接著來了。她一向支持的綠營媒體報導「美麗的日本」一句話引起的騷亂。但是，正如日本網右不理解台灣，台灣綠營媒體也不理解日本網路。對此作者解釋得很清楚：台灣綠營在政治理念上是自由主義派，跟安倍等日本自民黨保守派本來該不共戴天，可是兩者因同樣有反中共的外交立場而時常牽手。結果使她嘗到兩頭不是人的滋味。

在網路上攻擊她的不僅有卑怯的匿名人士。名氣不小的日本小說家批判她以外國人身分對日本政治說三道四，對此她馬上公開反駁而跟對方達到和解。至於台灣官方組織對她忽然敬而遠之，她則無事可做。俗話說人怕出名豬怕肥。獲得芥川獎而出名的主人翁遭受到的麻煩之多，正如她在書中所寫，似乎只能歸因於「厄年」。

《在這言靈祝幸之國》這本書的真面目，從第六章開始慢慢表露出來。回到日常生活中，主人翁平時出沒的是新宿二丁目和歌舞伎町，來往的朋友中女同志占的比例相當高。寫給日本報紙的時事散文中，她明確表示：個人自由比國家認同重要。然後，在第七章的開頭，作者替主人翁開門見山地出櫃寫道：在台灣南部港口城市的綜合醫院，這個孩子出生的那一天，婦產科醫生犯了一個致命性的錯誤，把新生兒的性別指定為男性。對這個新生兒而言，那成了一輩子最大的心理創傷，也是災厄。

接著作者仔細地記述主人翁柳千慧如何由日台兩國的網民粗暴地被出櫃。「換了名字，過了大海，用起外語，我仍然是我。偏偏因為我是我就要被世界排除」，這一段文字作者指定用黑體字印出來。從這第二二五頁起，直到最後第四九五頁的內容都圍繞著主人翁的跨性別經歷以及她所面對的日本反跨潮流之歷程。結果，關於目前正在席捲全世界的反跨潮流，針對一般讀者用日語書寫得最仔細清楚的一本書，就非《在這言靈祝幸之國》莫屬了。

長達兩百七十頁的閱讀過程中，讀者非得不停地想：這到底是真的還是假的？或者說這是紀實的還是虛構的？然後，到了第十一章的最後，主人翁宣布要把文學事業上的女兒生下來，並給她取個名字：李琴峰。在後記裡，作者明確地寫道：這個作品不是「私小說」也不是「自傳體小說」，更不是「出櫃小說」；什麼是真實，什麼是虛構，不打算公開表明。讀到最後的讀者應該都會被說服：原來，小說家本身也是文學創造的成果，他歷來身處於紀實和虛構之間。

百分之百疼痛青春——日本#MeToo小說

萬萬想不到在那些菁英眼裡，其實她們根本不是人，只是個玩具和笑柄而已。

藝術家的性侵

源自美國的#MeToo運動到了日本就碰到保守社會的釘子。雖然騷擾女記者的高級官員、騷擾女學生的大學教授被迫了辭職，可是用催眠藥性侵年輕女性的老記者卻被政府高層保護起來，沒有被起訴。就像麻生太郎副總理說「法律上沒有騷擾罪」，老豬哥們至多承認「給大家添了麻煩，不好意思」，絕不會承認糟蹋了一個女性的人權，更不理解自己的行為嚴重地傷害了日本在國際社會的聲譽。

在這樣的社會環境裡，公然發出反對聲音談何容易。幸好在文學界，有年輕一代女作家勇敢揭發性歧視、騷擾、虐待等社會文化問題。以長篇小說《初戀》獲得第一百五十九屆直木賞的島本理生，可以說是其中的佼佼者。

一九八三年出生在東京，被單親媽媽養大的島本理生，十五歲就以掌篇小說得獎，二〇〇一年的《剪影》則獲得群像文學新人獎佳作。在將近二十年的作家生活當中，四次入圍芥川賞，兩次入圍直木賞，這一次終於得到了日本通俗小說的最大獎項。

大學四年級女生環菜拿把刀刺死了畫家父親，諮商心理師由紀與做律師的迦葉要探討她的生長過程。原來，跟環菜沒有血緣關係的父親，曾長期叫幼小的女兒當素描班的模特兒，使她在心裡深處嚴重受傷，然而做母親的一直不聞不問，甚至老罵她為撒謊者。

在《初戀》中，有個前素描班學生說「當年我們以為藝術就是那麼回事」。顯而易見的，曾經大家都認為完全正常的很多事情，以今天的標準來衡量，算得上是虐待了。此外，在作品中，小時候身心受過傷的不僅是環菜，其實由紀和迦葉都有被父母傷害的悲慘記憶。

可圈可點的是作者透過多數例子來證明，虐待會有很多不同的形式。例如，由紀二十歲離家出走的原因，是「成人式」當天早上，母親告訴她，父親去海外出差的時候，經常跟當地少女買春。後來，由紀做了諮商心理師，被母親拋棄的迦葉則做了律師，都是因為他們想幫助別人來拯救在內心深處哭泣的幼小自己。

《初戀》的多數登場人物，包括環菜和由紀的母親在內，都毫無疑問是受害者。至於加害的一方，即使「法律上沒有騷擾罪」也不能抹煞道義上的罪行。

東京大學生的犯罪

前陣子，日本陸續發生了菁英大學生集體淩辱女性的案件。直木賞得主姬野薰子寫的長篇小說《誰叫她是笨女人》，改編自一宗牽涉到五個東京大學生的強制猥褻案件。在作品最後一章，加害者在法庭上發言的內容，更直接取材自審判紀錄。

關於該案件，我記得非常清楚，因為報導出來的內容特別噁心。正如小說作家在作品開頭寫道：五個東京大學生並不是要輪姦事主的。那麼，他們到底為什麼會以強制猥褻罪被捕呢？原來，五個人組織一個「生日研究社團」（在作品中是「星座研究社團」），叫兩所女子大學的學生參加，一起開派對喝酒胡鬧，等女生們喝醉酒失去理智以後，拍攝裸體照彼此分享，甚至私下賣出去。那麼，他們要的是錢嗎？也不是，因為東京大學生一般都來自富裕的家庭，根本不必為錢做非法行為。

當時看到的報導中，我印象深刻的是，被邀請參加「社團」的女子大學，一所是程度高的國立大學，另一所是程度低的私立大學。而那些壞傢伙竟公然說道：程度低的私立大學女生不能成為交友的對象，只會被當笑柄而已。所以，那晚在房間裡，他們把受害者的衣服完全剝光，拳打腳踢以外，還把熱騰騰的杯麵故意灑在她裸體上，也把免洗筷插進肛門等。儘管如此，站在法庭上，他們卻說，根本沒有性侵的意思，只是鬧著玩而已。

我一看到《誰叫她是笨女人》這標題，就記起了那法庭上的發言。東京大學是日本最難考的大學，只有從小功課非常好的學生才有可能考上，而且一考上，就幾乎保證將來在事業上的成功。結果，他們就以為自己高人一等。女生們的眼裡，他們是鑽石單身貴族，不少女生主動接近他們，可是萬萬想不到在那些菁英眼裡，其實她們根本不是人，只是個玩具和笑柄而已。

在作品裡，事件發生以後，女主角被大學女教授叫出去談話。老師告訴她，自己從小就因為長相不好，常被母親、父親、男同學侮辱，也有一次差點就被性侵，所以完全能夠理解她的感受。那老師的存在，這本書的文案說，在「百分之百非爽快青春小說」的作品中，可以說是唯一的救贖。然而現實中，受害者在網路上卻被充滿惡意的局外人罵說是粉碎了東大生未來的笨醜女。

高跟鞋與「就活」性別歧視

日本社會的進步實在太慢了。所缺乏的是人權意識和同理心。

當#MeToo運動席捲了大半個世界之後，日本掀起了一場#KuToo運動。那是演員兼模特兒石川優實在自己的推特上開啟的。

她寫道：「我想有一天能改變女性為了工作非穿高跟鞋不可的習俗。在念高專的時候，曾有一個月在觀光飯店打工，結果雙腳都因高跟鞋受傷，後來連高專都不能上了。為什麼打工需要傷害雙腳呢？尤其當男同事們穿著平底鞋舒服地打工的時候。」

#KuToo的發音，跟日語的靴（くつ／kutsu）以及苦痛（くつう／kutsuu）都是諧音。

凡是日本女性一聽到就明白這指的是怎麼回事。來自社會的壓力叫女生們覺得穿高跟鞋才算體面。但是現在社會上多數女性都工作了，結果全日本有數不清的女性天天工作都忍著腳痛，直到患上拇趾外翻而呈半殘疾狀態，就像中國過去的纏足。

看到這則新聞，我搖頭搖了很久。一九八三、八四年，大學時我曾編過跨校刊物《女學生的就職手冊》。當年的日本，雇主的性別歧視在光天化日之下大行其道，大企業多半都乾脆不雇用大學畢業的女性，重要工作由男性負責，女性則做助理性業務即可。於是專門雇用二年制短期大學畢業的女生，希望她們工作幾年後便嫁給男同事，之後在家好好承擔人生助理的無償工作。

但現在是什麼時候了？一九八五年日本國會不是通過了雇用機會均等（雖然不平等）法嗎？怎麼日本的年輕女性還這麼聽話？穿高跟鞋腳痛了，怎麼不趕緊脫下來改穿平底鞋呢？

二〇二〇年三月，在疫情下的日本國會討論強制女職員穿高跟鞋算不算性別歧視，算不算權勢騷擾。根據民意調查，百分之六十的日本人說：職場上有強制女性穿高跟鞋的情況。事後日航、全日空兩家大航空公司修訂了女職員的服裝規定。以前非得穿「三到五公分」高跟鞋的空姐們，從此只要穿「五公分以下」的就可以了。

最近網路上盛傳「反對就活性別歧視」的連署活動。「就活」＝就職活動，是日本的大學三年級到四年級學生們集體參與找工作的程序。跟生活中幾乎所有細節一樣，這一環都有專家顧問收費指導學生們：作為「就活生」該穿什麼衣服、鞋子，頭髮該剪成什麼樣子，化妝該化成什麼樣子等等。結果大多數「就活生」都為了參加企業召開的說明會、面試，穿上簡直一模一樣的黑色套裝、黑皮鞋，也帶上黑色公事包，看樣子像是一批大量生產的機器人赴喪禮，端看外貌就什麼個性都感覺不到了。

發起連署的前「就活生」指出：有關「就活」的視覺資料上，至今只有男性和女性兩種性別、兩種人生版本，老是說「男生該怎樣怎樣」「女生該怎樣怎樣」。結果壓抑其他性別認同的少數派，引起部分人包括她本人，因壓力太大而出現憂鬱症等。但是退出「就活」，搞不好得蒙受長達一輩子的經濟以及精神損害。

他們訴求的對象是「就活」資訊產業、大專院校的福利社、連鎖服裝商等。具體而言，廠家販售的「就活套裝」，男裝是直線設計的，女裝是曲線設計的，明顯為的是強調兩性體型。大多數指南都寫：女性不化妝是違反禮儀；女性該穿露膝蓋的裙子、肉色絲襪、高跟皮鞋才能贏得好感；女性不該在左手無名指上戴戒指（以免被推斷已婚而快要請產假）等。

在臉書上介紹這項連署活動的白井聰是近來名氣頗大的政治學家，其二〇一三年問世的《永續敗戰論》一書博得好評。就「反對就活性別歧視」的連署活動，白井寫道，「性別歧視絕不是其中唯一的問題；應屆畢業的幾十萬人同時參加『就活』的社會習俗，以及對其見怪不怪的企業文化才是問題的根本所在，將其說成『性別歧視』難免把問題矮化了」。

他說的當然有道理。但是年輕人鼓起勇氣指出在「就活」道路上遇到的性別歧視，不可以說是「矮化」吧，尤其身為大學教員。俗話說，「別人的腳被踩了多長時間都不會覺得痛」。查看白井聰的經歷，我發覺他跟我一樣出身早稻田大學政治經濟學系，而且他在大一時的啟蒙導師是我當年的同班男同學。順便說，他父親是前早稻田大學校長白井克彥。

日本社會的進步實在太慢了。所缺乏的是人權意識和同理心。「反對就活性別歧視」的簽署活動讓人感到希望，而這希望顯然來自性別研究的成果。救救孩子，脫下高跟鞋吧！

媽媽桑、萌妹和ＢＬ之間——日本女人如何丟失了性愛

其中存在的老問題「人到底有沒有在妄想中消費別人的權力？」還沒有答案。

在日語裡「媽媽桑」一詞有兩個不同的意思。第一個是本義，即年少孩子的母親，因「桑」字有尊稱的作用，一般是指別人家的母親。社會上「媽媽桑」一詞經常用來指特定的一群人，具體來說是已婚有孩子的成人女性在家庭之外參與社會性活動的時候，就給冠上「媽媽桑」的頭銜。聞名於世的「全日本媽媽桑排球大賽」有超過五十年的歷史。「媽媽桑合唱大會」也在今年舉行了第四十五屆全國大會；專家說，如此由清一色已婚女性組織的女聲合唱團在全世界都很罕見，大概是日本夫妻平時分開活動的生活習慣導致了「媽媽桑合唱團」活動的長期盛行。至於後者的主辦單位這些年改用「母親桑（おかあさん）合唱團」的名稱，恐怕是要跟另一種「媽媽桑」劃清界線。

另一種「媽媽桑」就是酒吧等晚間娛樂場所的女主人。這種用法至少能追溯到一九三〇年代的小說。之前指西式酒館女主人的名詞是從法語直接借過來的Madame。第二次世界大戰以後，英語Mama一詞在日本逐漸流行起來。加上了「桑」字的「媽媽桑」，幾十年都是唯一稱呼她們的名詞了。酒館的顧客以男性為主，而且越是高級的店，男性顧客占的比率越高，顧客平均年齡也越大。每天晚上在日本各地的酒館裡，有中老年男人邊喝酒邊叫喊著「媽媽！媽媽！媽媽桑！」簡直像是夜間托兒所。

孩子喊自己的母親為媽媽是理所當然，畢竟英文的mama一詞就源自指乳房的拉丁文單字。至於其他家庭成員，如孩子的爸爸和爺爺奶奶，都跟著開始喊她為媽媽，這在日本相當常見。不過被大家叫成媽媽的女人，可能會在心底產生疑問：沒生孩子以前，自己曾在生活中擁有過不同的角色，如情人、妻子、工作人員，難道從此以後只能當個媽媽了？她恐怕會察覺，既然被叫成媽媽了，不就像處女懷胎的聖母瑪利亞一樣，以後都沒有性生活？畢竟，日本很多民意調查結果顯示：有兩成日本夫妻產後變得無性愛，有五成五的夫妻則產後性愛頻率減低。

因為在日本文化裡，媽媽有崇高不可侵犯的地位，現實生活中如果有個新生兒的母親開口說出：「從此以後我只能當個媽媽了？」別人會以為是產後荷爾蒙不平衡導致錯亂，會當作沒聽見。

對於一般社會把「媽媽桑」一詞習慣性地冠在有孩子的女性頭上，過去幾年開始有人公開表達不滿。例如，日本歷史上第二個女性太空人山崎直子在雜誌的訪問中對「媽媽桑太空人」一詞表示不舒服。另外，奧運花式滑冰選手安藤美姬也說不喜歡被稱為「媽媽桑運動員」。她們都感到自己的私生活被侵犯，媒體代表社會給優秀女性施加壓力。日本大眾媒體訪問傑出女性時，幾乎一定要談到已婚與否、生子與否。但是，對於同一職業、地位的男性則不是如此。山崎、安藤兩位在事業高峰期多次受訪而重複被叫成「媽媽桑」，當年她們因為怕不禮貌，無法糾正對方的用詞，過些年回顧的時候才敢講出過去的感受，為的是給學妹們儘量營造良好的工作環境。

無論是在家庭中還是社會上，「媽媽桑」一詞對女性有約束的作用，提醒她要記得負女人該負的責任：照顧孩子和男人。酒吧的顧客喊「媽媽桑」是想向她撒嬌，要她縱容自己。同時，讓對方當媽媽的話，自己就自然而然能做個「僕」（小男孩）了。

目前日本社會中的女性形象，一方面有縱容「僕」的「媽媽桑」，另一方面則有妄想中的「萌妹」，中間就是少了「有健康性慾的成人女性」。世界著名的日本製平面「萌妹」有著強調大眼睛的兒童臉孔和異樣成熟的肉體，尤其擁有本來只能屬於嬰兒媽媽的「巨乳」。「萌妹」乍看像是戀童癖腦中的蘿莉塔，但「巨乳」卻暴露出來對媽媽不捨的思念。一九八〇年代以前，在日本各風化區的廣告牌子上勾引酒客、嫖客的，是半裸體的西方女郎，也就是辣姐，而由平面「萌妹」交替是一九九〇年代以後發生的變化。

其實，平面「萌妹」出現之前，日本娛樂界已經出現女子偶像團體小貓俱樂部（おニャン子クラブ）了。直到一九七〇年代的日本女歌手，例如一九八〇年僅有二十一歲就結婚退出歌壇的山口百惠，即使實際年齡很小，都要以「早熟」為賣點。然而從一九八五年開始，富士電視台播送的《晚霞貓咪》（夕やけニャンニャン）節目中，通過公開評選組成的小貓俱樂部，多數成員為高中生，而且最早流行的歌就叫做〈不要脫人家的水手服啦〉（セーラー服を脱がさないで），填詞人就是後來策劃AKB48等多數女性團隊而成功的秋元康。把中學制服直接當作發情裝置，之前是想像不到的。後來，秋元康領導的女子團體，偶像的年齡進一步降低到小學剛畢業。

現在無人不知的「萌」文化，一九九〇年左右才開始在日本流行。雖然人們「萌」的對象沒有限制，但一般還是以平面女孩形象為多。從妄想中畫出來的平面「萌妹」，年少而分不清是非，卻單單身體早熟，因此能成為最方便的妄想對象。

直到疫情爆發之前，日本很多上班族傳統的作息習慣是，下班後不直接回家，而是到酒館去向「媽媽桑」撒嬌，為的是紓解一下一整天工作形成的壓力，也方便自己回家後當個不愛說話的日本丈夫。日本男人對妻子的頭號要求是生活上照顧自己、縱容自己，也就是當他的媽媽，因此跟著孩子叫妻子為媽媽是順理成章的事。這跟西方男人首先要求妻子扮演情人角色有很大的區別。

從妻子的角度來看，跟喊自己為媽媽的男人在一起，雖然在性生活方面會感到不滿，但是丈夫跟別的女人跑掉的機率相對不高了。只要當他是自己的大兒子，替他處理好生活中的雜事，對方就會很願意當個好「僕」。這樣子，家庭生活會很穩定。直到今天，日本很多丈夫都不會下廚做飯，有一半的因素是妻子要獨占使用廚房、做飯、餵食的權力。「沒有我，他連飯都吃不上呢」是不少日本妻子在心中重複和消氣用的咒語。至於妻子在外面把自己的丈夫稱為主人，那主要是給自己面子。

雖然日本是性產業大國，但其中絕大部分產品，無論是影片還是畫冊都是針對男性消費者的。即使標榜「女性向」的商品，反映出來的往往還是男性想像中的女性觀點，跟女性消費者的口味不合。另一方面，根據網路媒體調查，有婚外情經驗的日本人，占男性中的百分之二十二和女性中的百分之十九，男女雙方之間的差距並不大。這似乎表示日本人不重視貞節的程度，男女雙方都差不多。只是，身體力行的程度還是男女有別的。可憐日本女性得到性滿足的路遙不可及。就是在如此的情況下，日本文化界的女性前輩們為眾學妹開拓了BL這個新領域。

剛開始，這個領域連名字都沒有。一九〇三年出生，一九六一年寫出小說《戀人們的森林》的森茉莉，直到一九八七年去世都不知道自己將被說成是日本BL的鼻祖。BL是Boys' Love的縮寫，一般用來指以兩個男人為主角的戀愛或性愛故事。雖然注重兩個男人之間的性關係，卻不同於男同志文學，BL是由女作家為女讀者創作，可以說是在女性圈子裡偷偷欣賞的性愛文學。就因為如此，BL並不反映真正的男男關係，結果由男同志看來會是充滿著「腐女」們的偏見。

比森茉莉晚五十年，一九五三年出生的小說家栗本薰（寫評論時的筆名為中島梓）則把事情看得非常清楚。她是一九七八年創刊的第一本BL雜誌《JUNE》的靈魂人物之一，跟竹宮惠子等一九五〇年出生的第一代人氣漫畫家，一起為尋求精神自由的日本女子們創造了全新的文學領域。早期這領域曾有「JUNE」「耽美」「YAOI」等不同的名稱，後來偶然有了BL的叫法，並趕上LGBTQ性少數出櫃的世界潮流，進入二十一世紀以後，逐漸開始變得廣為人知。

在栗本薰用中島梓的筆名撰寫，早在一九九一年出版的《溝通不全症候群》一書裡，已經指出過：日本社會看女性的視線充滿著性歧視，很多女孩子因此感到痛苦。她們不想按照男性中心社會的要求去做讓人糟蹋的性玩物，也不願意做專門照顧男人和孩子的「媽媽桑」。但是，她們生長為女性，想愛或想被愛的對象都是男性。為了讓她們至少在想像空間裡自由地去愛也被愛，把兩個主角都定為男性是邏輯上必要的，因此產生了ＢＬ小說和漫畫。栗本薰在出道後的三十年時間裡，寫了四百本書以後，於二〇〇九年五十六歲就病故，她都沒來得及看到ＢＬ在日本變得廣為人知。

今天的日本媒體界和文化界，跟其他多數領域一樣，仍舊被男性控制。因此，雖然ＢＬ已進入主流日語詞彙裡，電視上男男相愛的情節也逐漸增加起來，但是ＢＬ的真正意義何在，多數人還不理解。不過，對於現在二十多歲的年輕女性來說，閱讀ＢＬ不再只是屬於「腐女」小圈子的特殊愛好了。有ＢＬ的世界比沒有ＢＬ的世界進步，但是其中存在的老問題「人到底有沒有在妄想中消費別人的權力？」還沒有答案。ＢＬ也不是解決日本女人性慾問題的最終答案。甚至可以說ＢＬ的存在，證明了現實世界對日本女性來說到底難以生存到什麼地步。

地震和衛生棉

社會上有的是衛生棉大叔，從來不跟家裡的女性談月經事宜，卻在社會上大聲說「衛生棉是奢侈品」，並且獲得眾多小男人的支持。

二〇二四年日本一月一日發生的能登半島大地震，所造成的損害嚴重到幾乎跟二〇一一年的三一一東日本大地震屬於同一級別，幸虧海嘯規模相對小，當地核電站也處於停運狀態。可是，當地居民的遭遇跟當年福島相比，卻是有過之而無不及。去了災區的記者、專家們異口同聲地說：這次日本政府的救災、救援無論是內容，還是速度兩方面都大大不如三一一的時候，甚至回到一九九五年阪神大地震以前的樣子了。

不僅首相岸田文雄和當地知事馳浩都在開始的幾天沒有親自去災區視察，立憲民主黨等幾個在野黨領袖也達成協議不去災區。說是避免妨礙救災活動，但是頭幾天竟然也不准直升機和無人機飛往能登半島，令外界難以從上空報導實況以及即時進行救援活動，導致不少人懷疑：是否政府認為核電廠會出事的機率偏高，不想讓外界知道日本又一次發生了輻射事故？

其實不僅對於外界，連在日本國內，媒體有關這次地震的報導少得出奇。各家電視台只有地震當天以新聞報導代替了原本計畫的跨年特別節目。到了第二天，有關報導已變得很少，充滿節日喜樂氣氛的綜藝、體育等節目還是占領了各頻道。當時在網路上，看到最多的貼文是「災區交通阻塞，不要外地人來加重負擔」。但是，外地人不去，誰去救災？何況大地震破壞了供電、通訊系統，使得山區災民孤立起來，開始的幾天都無法知道外邊的情況。他們尤其不能理解，翹首盼望的救援為什麼遲遲不來？

結果，事後一個月，能登半島還有超過一萬人在三百多個避難所生活，而且其中一半也不是當地政府所設置，反而是居民自力更生運作的，甚至有幾名老人家在農業用塑膠帳篷中鋪被褥睡覺的例子。能登半島位於冬天常下大雪的日本海邊，氣溫常常降到零下，經歷了大地震而倖存的人們，後來在避難所裡生病致死或凍死的悲劇，同樣是有可能發生的。再說，災區的上下水道都遭到嚴重的破壞，恐怕在很多地方要等到三月底或四月初，才能再有自來水用。

這究竟是什麼原因？首先，還是地震的破壞力非常大。不僅有四萬多棟房子倒塌，土地本身就嚴重變形了。在一些港口，海底隆起了四公尺，使得大海退後兩百公尺。結果，根據廣島大學後藤秀昭副教授等的調查，整個能登半島的面積增加了四點四平方公里。即使在地震多的日本都未曾聽說過如此嚴重的地形變化。

其次，日本少子高齡化的問題很嚴重，人口在過去十多年間持續減少。尤其處於山區的能登半島，人口過半是六十五歲以上的長者。年輕一代去城市定居後，留下來的老一代，日子勉強維持下來，但是政府專家建議的對老房子施加防震措施，就超過了老人家能夠處理的水準。何況能登半島過去幾年不停地發生中級以上的地震。

原先看起來頗有味道的歷史性木造黑瓦片房子，被強烈搖動後，一下子便塌下來。這次地震的遇難者有九成都在一月一日下午四點多，在自己家中跟家人親戚團聚之際，忽然被橫梁屋頂給壓死。如果救援人馬能早一點抵達的話，說不定有不少人能被救出來。當地的多數居民，即使自己本人倖存下來，卻也要親自承受骨肉就在眼前被活埋喪命的悲劇。

災區的復興，除了時間以外，首先就需要資金和人力。但是，這些年的日本政府，財政赤字早進入史無前例的領域。加上二〇〇〇年代以後，新自由主義經濟政策對社會風氣的影響非常大，面對別人的災難，馬上有人跑出來強調「個人責任」。前首相菅義偉就說過：「凡事首先該講自助，其次是共助，最後才是公助。」對於這次的震災，日本社群平台上，有不少人異口同聲地責難災民說：「誰叫你去偏僻的山區住？可不是自作自受？」顯然那些人不知道隔海面對中國的日本海沿岸，歷史上曾長期是全日本最早接觸到高度文明的地區。

早在地震發生之前，日本已經有二〇二五年大阪世博會的問題，乃各場館的建設速度遠遠跟不上原本的計畫。背後原因之一是二〇二二年初起的日圓匯率低落，導致進口建材等一律漲價，同時日本國民收入反而減少，建商不能輕易提高要價。果然，二〇二三年日本建築業公司倒閉的件數比前幾年都高。也就是說，即使想要趕快展開復興工程，恐怕資金、人力兩方面都是不足夠的。

眼見復興之難，當地政府開始把兩、三百名國中生集體送到災區之外，讓他們在體育場館等地，共同生活共同學習。對於需要醫療等照顧的老人家，也在勸他們考慮「二次避難」，也就是往沒受地震影響的地方去暫時住旅館。然而，對於好幾代都在能登半島生活的人們尤其是老人來說，下決心離開故鄉並不是容易決定的事。其實，三一一大地震以後，被迫遷居的災民到了新的地方，很難維持或重新建立鄰居關係、社區往來，精神生活的品質大大低落，導致有人患上憂鬱症，甚至尋短見。

雖然日本政府一直沒有明說，但是觀察媒體上的論調，大體方向是：水電交通等主要的基礎設施早晚會恢復，但是破壞程度偏高的各小村落則恐怕不可能完全復原。由此可見，儘管地震是天災，但之後能救援、復興的程度，則由當下國家包括官方和民間的能力所決定。

十多年前三一一大地震的時候，日本國內和國外的報導都曾強調：日本災民多麼冷靜，沒有發生社會恐慌，治安秩序保持得很好等。然而，這次在社群平台上傳出來的災區消息，叫人嘆息的就比較多了。其中就有「衛生棉大叔」問題。

衛生棉就是女性月經時用的棉片。日本人口中，女性比男性多出百分之五。除了小孩老人，對多數女性而言，每月經期需要一包衛生棉，乃跟大家如廁需要衛生紙一樣，該是理所當然的事情。然而，在日本災區的避難所，當上領導的幾乎無例外是男性。要開出所需物品清單的時候，領導就說：要飲用水及食物。至於女性需要的衛生棉，領導視之為奢侈品，不會跟救援團體要的。

這可不是欺負女性？有吃不消的女災民在社群平台上分享此事，一方面很快就獲得眾多女性不停的讚，然而另一方面也有男性網民說：專門給女性發一種物資而不給男性，豈不是性別歧視，對男性太不公平了吧？而他那一句馬上獲得眾多男性的讚。後來，那些特愛對女性月經說三道四的男性，開始被稱為衛生棉大叔了。

這下很多日本女性忽然發覺：原來，我們的男同胞中有不少人根本不理解女性月經是怎麼回事。雖然他們的母親一定是女性，要是有姊妹、女朋友、妻子的話，當然也都是女性，畢竟日本人口的一半以上是女性，而月經是大家每月都得經歷的程度不同的苦差事。

看著網路上的對話，我都想起來了，是幾個月前也在網路上看到的爭論。有一個男大學生發牢騷道：新交的女朋友第一次來他家過夜，她卻說有了月經要去廁所處理，使他完全搞不明白到底發生了什麼。他寫道：女朋友自己一個人躲在廁所裡「做」月經，還把有血跡的衛生紙丟在垃圾桶。他顯然覺得自己被侮辱。

網路社群的女性們發現，這就是小學五、六年級的時候，專門讓女童上月經課，同時給男童上射精課的後果。在日本男性中，上課學過月經事宜的人屬於少數。其他人如果沒有跟母親或女朋友、妻子學過，根本不知道月經是怎麼回事。搞不好會跟那個男大學生一樣，誤以為月經是跟射精一樣帶來快感的事情，而不是跟排泄一樣無法完全控制的生理現象。

說起來實在諷刺，以盛產激進性愛片聞名的日本，卻沒有像樣的性教育。曾經一九八〇年代，當愛滋病剛開始流行的時候，有過需不需要在學校推行性教育的爭論。然而，後來治療愛滋病的藥品普及。二〇〇〇年代以後，長期執政的日本自民黨因為收了捐款，深受統一教、日本會議團體等所謂「宗教右派」的影響。他們不僅反對同婚，也反對夫婦別姓，更反對性教育。結果，在日本學校裡，老師不可以教學生人類懷孕的過程。性別（gender）一詞，更被曲解為否定男女性別的左派陰謀，成為了禁忌。

直到二十世紀末，日本家庭都有個習慣：當女兒有初潮之際，家裡就煮赤飯（紅豆飯）

來慶祝。我們這一代的日本女性都非常討厭那個習俗，好比自己肉體的祕密給眾人公開當話柄似的。而且當年的日本社會，確實有不少人特愛拿少女初潮來開難聽的玩笑。

但是，我還以為二十一世紀的日本家庭已經變得文明一點，社會也懂得尊重少女的心情了，所以才不再隨意去談什麼初潮不初潮。然而，最近發生的幾件事情，包括災區避難所和網路社群都出現對女性月經嚴重缺乏知識與理解的老少男人，使我很納悶：叫他們住口是不夠的，還是得從兩性同時上月經課開始。

因為在日本，直到今天，月經還是不可以公開說出口、平靜討論的事情。最近還有中年藝人說：結婚多年，從來沒在自己家中看過衛生棉，不知道妻子把它放在哪兒了。這該是妻子深信衛生棉不可以給丈夫看的緣故，雖然兩人結婚、做愛，還生育過孩子。更奇怪的是，日本電視上常看得到衛生棉的廣告。有的還把看起來不會誤以為是血的藍色液體倒在棉團上，以證明能吸收多少血液。儘管如此，社會上有的是衛生棉大叔，從來不跟家裡的女性談月經事宜，卻在社會上大聲說「衛生棉是奢侈品」，並且獲得眾多小男人的支持。可是想一下嘛：在下雪的能登半島，連政府設置的避難所都不足夠，從一月一日下午起開水龍頭都沒有水，無法正常洗澡，無法正常上廁所。但是月經還是照樣要來的。無法給她們提供足夠數量的衛生棉，日本就稱不上是先進國家了。

日本人變窮了

> 在大家都提高利息的時代，低利息的日本貨幣當然沒人要，大家都要賣出去，結果是理所當然的匯率暴跌了。

真沒想到中文諺語「三十年河東，三十年河西」居然適用到自己身上來了。一九八〇年代中期以來，享受了富國地位三十多年的日本，如今已經變成窮國了。到底窮到什麼地步？是去美國出差幾天的一流報社特派員，為了應付日圓暴跌的衝擊，把三個杯麵塞在皮箱裡的地步；他回國後在專欄中報告說，幸虧有那三個寶貝杯麵，否則真吃不起比日本貴好幾倍的美國餐廳料理。

類似的報告從四月底的黃金週開始，在日本各媒體陸續出現：去夏威夷度假的小家庭，把好幾份速食白米飯塞在行李袋才敢出門；有對年輕夫妻聽說國外的水很貴，於是把幾個兩公升礦泉水瓶放在皮箱裡免得渴死，結果從成田機場起飛之前，被安檢人員找出來給沒收了等等。

連過去以富裕聞名的商社駐美人士都說：從日本穿去的美國製鞋子穿破了以後，本來打算在當地買同一款的，未料價錢比上次在日本買時貴了將近一倍，於是臨時改主意，請夫人用針線打補丁；結果身在日本的老母親看到照片，覺得兒子的樣子太可憐也太丟人，忍不住從一年比一年少的老人年金抽出一筆錢來匯給在外國吃苦的兒子，並勸他說，快快去買鞋子吧寶貝兒子。

類似的小故事如今到處都聽得到。駐外日本人在社交網路上也紛紛訴苦，近幾年歐美的物價漲得非常厲害，於是當地公司機關都給職員加薪，只有日本公司機關沒有調薪，再加上日圓對其他國家貨幣的匯率跌到空前地步，真不知道該怎樣熬下去才行。

其實日圓暴跌是早在兩年前，二〇二二年三月開始的。之前一美金換一百一十五日圓的匯率，那年四月底就跌到一美金換一百三十多日圓，到了同年十月更跌到一百五十日圓，直到今天都沒有出現逆轉的趨勢。當匯率要跨過一百六十日圓門坎時，日本央行出錢回收市場上給爆賣的日圓，免得發生貨幣危機。這是每天看新聞的人都知道的事實，只是疫情以後不出國的多數日本人沒有切身感覺到而已。

大家注意到的是從國外來日本玩的遊客暴增，人氣高的觀光地點如京都、鎌倉等地都出現了擁擠不堪的所謂「過度旅遊」（overtourism）狀態。當地居民為了保護自己的日常生活，只好一大早就去超市購買所需物品，然後就閉門在家或者出門，總之儘量避開過多觀光客造成的社會公害。至於大眾媒體報導的外國遊客觀點，幾乎是清一色的「日本東西太便宜了」。

在疫情之前的日本，人潮爆滿的百貨店、藥妝店中所謂的爆買客，基本上只有中國人。然而疫情之後，那些中國人好像沒有回來。反之，從歐美亞各國來的自由行旅客多得不得了，而且個個都願意接受普通日本人只有目瞪口呆程度的昂貴價錢，例如一碗五千日圓（約合一千新台幣）的海鮮丼。

日圓暴跌說到底是巨大的財政赤字導致的。直到二十世紀末，每一個首相都說非解決財政不平衡不可。然而，本世紀長期掌權的安倍晉三，不僅發行越來越多國債來補貼財政收支不足，而且還叫日本央行大量購買自己國家政府發行的債券。這麼一來，政府和央行本該互相獨立的關係被扭曲。安倍在世的時候，世界各國還保持低利政策。如今歐美各國為控制通貨膨脹而提高利率，只有日本不能，因為若提高利率，要付給國債持有者的利息會暴增，付不起利息的日本銀行搞不好要破產。可是，在大家都提高利息的時代，低利息的日本貨幣當然沒人要，大家都要賣出去，結果是理所當然的匯率暴跌了。

這個遲早會發生的問題，早就有專家指出來。可是，大部分日本媒體直到現在都只說，目前的情況是日美兩國的利率差距太大所引起的，卻不報導其背後更根本的原因。這並不是媒體中沒人理解金融運作所致，反之是主流媒體早就被政權收買的緣故。如今在日本媒體上，批評政府的聲音很小，多數評論家卻跟「網右」一樣專門幫政權說話。

在安倍內閣時代做了五年外交部長的岸田文雄，當年很受國民歡迎，很多人寧願他代替安倍來當首相。可是，岸田上台後的表現，大大地令人失望。他一方面加強日本跟美國的軍事同盟關係。另一方面對財政改革一點也不積極。岸田政府送每位國民「減稅四萬日圓」的政治禮物，不外是為了收買人心。那麼一點錢，其實在近日的高物價下，沒有多少實際意義。何況那四萬日圓又不是從他自己的錢包掏出來的，而是從大家交出的稅金而來的。日本俗話說章魚吃自己的腿，從安倍內閣到岸田內閣，日本自民黨政權的所作所為，讓人聯想到俗話中的章魚。

Part 3

從微熱到高燒

「三密」與「夜の街」

> 我都身在東京，感覺與其說是「佛系」抗疫，倒不如說是「白痴系」不抗疫。

新冠肺炎襲擊世界每個角落，可是對抗它的方法以及成就，每個地方都不一樣。日本政府的抗疫措施，自從二月在橫濱靠岸的鑽石公主號遊輪內發生疫情開始，以「佛系」作風叫很多外國朋友目瞪口呆。至今四個月，我都身在東京，感覺與其說是「佛系」抗疫，倒不如說是「白痴系」不抗疫。疫情沒有擴大到不可收拾的地步，只能說是這次日本運氣相當好。

在日本看著當地報紙、電視台，連當地疫情都知道得不多。最大的問號是，其他國家都順利進行的多聚酶鏈式反應檢驗，為什麼單單日本就不能推行？當初大家都懷疑：安倍政府為了強行舉辦二〇二〇年東京奧運會，要把國內患者人數壓在至少看起來控制住的樣子。後來，東奧延期了，安倍在國會裡也重複說了要把檢驗規模推廣到國際水準，結果還是沒落實。

打開NHK新聞收看，叫人想不通的是，有疑似是新冠肺炎的症狀，到底可以去哪裡就診，一直都沒有清楚地交代；然而在電視螢幕最上邊，從最早期就有心理輔導處的聯絡號碼。身體出狀況，不是首先要看病嗎？為什麼不通告就診途徑，反之鼓勵大眾去接受心理輔導？

自從一月底在藥妝店消失的口罩，到了五月率先出現在珍珠奶茶店。後來也在服裝店、雜貨店等陸續出現了。到底是哪一條門路來的哪一級貨色，戴上了有沒有效，日本媒體從來都沒調查報告。

安倍發布的「緊急事態宣言」是沒有強制力的，只是鼓勵國人儘量不出門自我隔離，也拜託各企業商店自行休業（自肅）或線上上班而已。不發出命令的原因是不想出錢賠償損失。果然一發出解除宣言的消息，以飲食業為首的零售業者紛紛開店，要挽回過去好幾週的損失。

目前被視為安倍最大政敵的東京都知事小池百合子，七月就到改選期了；一方面要打擊疫情，另一方面要拯救經濟，祭出來的政策前後矛盾得嚴重。可她不愧為電視主播出身的政治人物，語言運用能力很突出。在二〇二〇年日本新冠疫情中，最膾炙人口的兩個流行語都可說出自她口。

小池知事呼籲東京居民一定要迴避的「三密」狀態，指的是「密閉、密集、密接」。就像大阪發生集體感染的音樂廳，為隔音沒設窗戶，造成了「密閉」空間，樂團粉絲聚集導致了「密集」狀態，大家開口合唱等造成的密切接觸即是「密接」了。據說，「三密」的說法最早出現在厚生勞動省主頁上。但是，若非小池知事在記者會上對著攝影機以慢鏡頭說得清清楚楚，否則就不可能讓多數人聽進去。

有人說，「三密」本來是佛教密宗用語，指「身密、口密、意密」。可是，扯上了病毒該屬巧合。我倒覺得「三密」的日語發音「san-mitsu」聽起來像性感女藝人「壇蜜」的姓名（Dan Mitsu），才是廣泛流行的基礎。

另外，跟疫情早期的病患中，多數個案是老人家不同，結束了「自肅」以後，東京出現的新病患多半是二十幾歲到三十幾歲的男男女女，而且其中一半棲息於小池知事所說的「夜の街」（yoru-no-machi）。

記得稍早有感染症專家，分析了新冠病毒傳染的路徑後說過：部分病患從事「伴隨接待的飲食業」。這句日文說得夠奇怪，可大家還是猜出了專家說的意思。而且有小道消息說：喪命的著名諧星和兩個驗出陽性的阪神虎隊球星，都是光顧了大阪北新地（相當於東京銀座）一家「伴隨接待的飲食店」以後而出現症狀的。

小池知事把那彆扭的「伴隨接待的飲食業」翻譯成「夜の街」了。聽她每天的報告，其中既有女性接待男性客人的酒吧，又有男性接待女性客人的牛郎店。尤其在新宿歌舞伎町，牛郎店的存在早就眾人皆知。但是，他們在天天新感染的報告中出現的頻率還是高得令人驚訝。

有份雜誌尋訪歌舞伎町的牛郎店老闆而問及這究竟是怎麼回事。老闆說，牛郎店的顧客往往有依賴症，戒不掉所致。正如在大多行業履行自肅期間，唯有柏青哥店照樣營業而引起公憤。原來，柏青哥的顧客中也有一定比率的依賴症，只要有一家開門，即使多遠他們都會過去光顧。不過，成了眾矢之的的柏青哥店，後來都沒有發生集體感染。原因何在？柏青哥店雖然「密閉、密集」，但是玩家從不跟別人說話，因而不至於造成「密接」。

在「白痴系」國家，這些就是疫情報導的主流內容，謹此向海外讀者報告。

疫情下的花甲之旅

畢竟六十歲的生日一輩子只有一次，而且在傳統上是相當受重視的。否則老家牆上掛著的大照片，為什麼是還曆大宴的呢？

記得小時候在奶奶家，有張全家團聚的照片，坐在中間的是爺爺。雖然在黑白照片上看不到顏色，但是他穿著的背心和戴著的帽子都應該是紅色的。因為那是爺爺的還曆紀念，也就是花甲宴了，而根據日本習俗，過六十大壽的主人翁該穿上兒孫贈送的紅色衣裳。

父母六十歲的時候，我在海外漂泊中。不過，還是買了紅色衣服寄回老家去。日本人是非語言化的民族，似乎從不談為什麼過花甲就要穿上紅色衣服，但是我腦海裡一直有爺爺那張照片。即使身在海外，都要按照傳統習俗準備有吉祥意義的禮物，對長輩表達祝賀。

實在是轉眼之間，就輪到我們這一輩要還曆了。還剛好先輪到老公。去年七月他過六十歲生日的時候，東京處於疫情期間，政府要求餐飲業者不要供應酒水，並且到了晚上八點就關門。對酒鬼來說，吃晚飯不喝酒，即使平時在家都很難想像，更何況辦壽宴，舉杯要乾的飲料，怎可不含酒精？

新冠肺炎引起的疫情奪去了人類太多的樂趣。其中包括旅遊和外食，以及社交往來等等。在普通的情況下，辦壽宴可以有很多不同的選擇，但是在疫情下，當時我們已經有一年半沒有出去吃飯，也沒有跟親朋好友喝酒。在家裡準備有點不一樣的飯菜，雖然不是完全不可能，但還是缺少「特別」的感覺。畢竟六十歲的生日一輩子只有一次，而且在傳統上是相當受重視的。否則老家牆上掛著的大照片，為什麼是還曆大宴的呢？

對了，我老家那裡有家餐廳。離我家不遠的立川站附近，就有兩家堂兄弟經營的壽司店。其中一家，是跟我長相名字都差不多的新井二三男，是幾年前開張的小規模高級店。雖然早就聽說過，但是因為消費水準不低，我一直沒敢去。

然而，過六十大壽，要跟平時不同才可以，而且多花點錢似乎也能起辟邪的作用吧。再說，在親戚開的小店裡吃喝，說家庭聚餐都過得去。於是疫情開始一年半後，我們為了慶祝老公花甲之年，第一次出去吃飯。當時在瀨戶內海邊岡山市工作的兒子都趕來慶祝。他送老爸的禮物是巴卡拉水晶啤酒杯，雖然杯子是透明的，但裝在紅色硬紙盒裡。

同一年的十一月女兒過二十歲生日，第二年即今年的一月，她穿上絲綢長袖和服參加成人式典禮。在疫情期間安排慶祝活動真夠複雜。儘管如此，在太多樂趣被無情奪去的疫情之下，慶祝的機會來了，不抓緊機會好好慶祝怎麼行？這是應該的。

然後迎來了我的六十歲生日。此時日本全國正在經歷Omicron變異株引起的所謂第六波疫情。在東京出去吃喝還是很不容易。相對來講，家人一起出門到溫泉區過夜顯得好辦。而我正好有想去小旅行的地方。

靈感來自臉書上的一對朋友幾個星期前登出的照片。他們是日台夫婦檔，名副其實的郎才女貌加上頂級的美食家。稍早前在他們的臉書上，我看到了極其迷人的鰻魚以及海邊溫泉區的風景照片。

在過去二十年物價都很穩定的日本，偏偏鰻魚的價錢翻了兩倍。如今日本平民吃的食品中，價錢最昂貴的非鰻魚莫屬了。所以，一年裡只能吃一兩次而已。幸虧這次的生日是六十大壽，跟平時不同，可以多花點錢。還好在疫情下，溫泉旅館空蕩蕩，能獨占大溫泉池不在話下，住宿費用都大減價。再說，來回的列車上也沒有旅客，感染的可能性顯然不高。

我們的目的地是伊豆半島接近南端的下田溫泉。川端康成的小說《伊豆的舞孃》以及吉永小百合和山口百惠前後主演的同名電影裡，男大學生和舞孃最後揮手告別的地方就是下田碼頭。我們下榻的黑船酒店，從和式房間的大窗戶望出去，就能看到那碼頭。黑船酒店的名字取自江戶時代末期，來日本要求開國通商的美國艦隊。原來，名著的背景也曾是歷史轉變的大舞台。

這裡有溫泉和頂級的美食。除了鰻魚以外，下田也是金目鯛、伊勢蝦、鮑魚的名產地。旅館的晚餐和外頭餐館提供的飯菜，水準都滿高的。安靜的商店街上，看到「三島由紀夫愛吃的瑪德蓮蛋糕」的招牌。原來小說家三島在生命最後的幾年裡，每個夏天都跟家人來下田度假。這兒真是充滿內容的小鎮。謝謝上天保佑，我的還曆可說過得滿成功。

化妝與疫情在日本

> 我萬萬沒想到連在家中自己的房間上網上課，都非得化個百分之一百的全妝不可。看著電腦視窗中一個一個洋娃娃微笑的樣子，我悄悄後悔自己要求她們做好準備露面上課。

由於疫情，二〇二〇年日本大學的課程大多都在線上授課。其中互動性科目又多半都利用Zoom直播。

當初，部分學生家裡WiFi環境欠佳，得靠一支手機既上課又做作業，為他們的便利著想，校方規定學生一律不用露面。結果，老師們只能面對著黑螢幕自己說話、提問題、默默等待從黑螢幕那邊傳來的聲音，或者在chat小框框裡出現的文字。

我當初也那樣上課，但很快就受不了老面對著黑螢幕自言自語了。於是當進行四、五個人的小組活動時，鼓勵「條件允許的」同學們露出面目來參加討論。這麼一來，多數男生馬上就開螢幕，高高興興地向鏡頭微笑。人嘛，畢竟面對面說話才覺得自在。但是，女同學們卻紛紛抗議說：除非事先準備好，無法臨時露出臉來。我說：好吧，那妳們下次上課時，事先做好準備，儘量開螢幕參加小組討論。

過一週，又到了同一堂課的時間。按之前安排，同學們從黑黑的大班被分配到小組去，我則一個一個輪流訪問小組而提出建議。儘管我前一週事先要求她們在小組裡儘量露出臉來，可是主動打開螢幕的女同學還是全無。我叫了一聲「請給我看妳們的臉」，結果從本來黑黑的螢幕裡一個一個地出現了……

我真是驚訝極了。

首先引起我注意的，是純白面孔、金黃色頭髮、深紅唇膏的卡通人物，但因為是立體的，說是洋娃娃更合適。其他的小螢幕裡向我微笑的，則是雖然程度上沒有第一個誇張，但也一樣是染了頭髮，化了全妝的女同學們。

這一年，我女兒恰巧也上大學一年級。一直看著她跟同學們互動，我知道如今的日本女孩子從中學二、三年級便開始化妝，上了大學以後，則沒有化妝就不能出門見人。只是，我萬萬沒想到連在家中自己的房間上網上課，都非得化個百分之一百的全妝不可。看著電腦視窗中一個一個洋娃娃微笑的樣子，我悄悄後悔自己要求她們做好準備露面上課。

記得有一次台北白衣市長說：日本女生都化好妝才上街所以比較順眼，相比之下在台灣，很多女生都不化妝就上街所以怎樣怎樣。諸如此類的臭男人，我在世界各地都遇過不少，印象更深刻的是台灣女性們憤怒的反應，之前支持那位市長的人都從此再也不原諒他了。這樣子很對，非常對。不僅在道理上對，而且在下一代的教育上也完全對。

無論何時何地，年輕孩子們總是看著他們的長輩說什麼、做什麼。作為大人，我們到了一定年齡以後非得有覺悟：自己的所作所為無形中會對下一代起教育作用，無論是正面的還是負面的。在這一點上，日本女性的成績顯然遠不如台灣朋友們。

第二次世界大戰以後出生，一九六〇、七〇年代成年的日本女性，很多都在高中畢業之前，在學校大講堂上過一堂資生堂、鐘紡等化妝品公司派來的美容指導員講的「化妝ABC」課。同學們第一次在專家的指導下嘗試化妝之後，還會收到粉餅、口紅、眉筆、胭脂等的樣品。公司方面免費開課，還發大量樣品，所期待的回報當然是那些年輕人日後成為長期又忠實的品牌愛用者。

當年日本學校引進外面企業教女同學們化妝，是多數人高中一畢業就工作，而在上班時化點妝又被視為社會常識所致。她們沒能跟母親學，因為日本二十世紀前半持續打了十五年仗，生活各方面都受到大幅度限制，結果母親那一代普遍缺乏這方面的經驗和知識。另外，二戰後的日本社會大受美國影響，掌握西方規矩變得相當重要；不少學校，尤其是大部分畢業生直接出社會工作的職校，除了開化妝班以外，還包下飯店西餐廳，教同學們怎麼用各式刀叉享用一道又一道的西餐。

「化妝ＡＢＣ」課開到一九八〇年代，國家經濟發達後，人們的生活方式不再一致，反而越來越多元化了。例如大學新生需要的常識就跟同齡的上班族不同。我自己八〇年高中畢業時，沒有學校仲介的化妝課。經過一年的補習班生活，隔年上大學時，我對化妝根本沒有知識，只好自己去中野火車站附近的化妝品店請教老闆娘了。

直到今天，有些母親還趁女兒高中畢業之際，一起去百貨公司的化妝品櫃檯，請美容指導員給女兒上一堂「化妝ＡＢＣ」課。那些母親除了有自己高中畢業時上課學化妝的記憶外，也想讓寶貝女兒知道，以後在哪兒能購買所需的化妝品。

只是，這年頭能買化妝品的地方多了很多。首先就是全日本無所不在的「百圓商店」。然後是每五十公尺有一家藥妝店。再說，今天的孩子們萬事問YouTube就好，根本不需要專業老師上的化妝課了。

所以，大學一年級的十八、十九歲都懂得化妝不足為奇。但是，家中線上上課都需要化濃妝嗎？是否廣大日本社會給她們傳達的消息有必要徹底改革？

日本疫情第二年

日本政府認為經濟比健康甚至生命都重要。「經濟崩潰了，死去的人會比疫情造成的死者還要多」這樣的論點，在日本網路的右翼圈子裡很有市場。

自從新冠肺炎爆發，已經一年了。記得去年初，當我看到台灣、香港的媒體紛紛報導武漢流行起一種新型冠狀病毒肺炎的消息，但同時日本媒體完全沒有相關報導時，極不好的預感不久就成為了現實。

有一天下午我在床上躺著攤開報紙看，忽然有來自香港朋友的私訊問道：能不能寄來口罩？香港已經買不到了……我感覺情形不對，瞬間披上大衣跑出去。當時，日本藥妝店的口罩庫存已在迅速減少中，但是爆買客都不是日本人，而是居住日本或者來旅行的中國人。之後的幾個星期，廣大日本社會都視疫情為中國的災難。於是處處都有好心的日本人把大量口罩一箱一箱地寄往中國去救災，還把「友誼不朽」之類的文字寫在箱子上，雖然贏得了大陸故友們的感激，自己卻失去了本來為防災存於倉庫中的口罩。

然後，停靠在橫濱港的遊輪鑽石公主號爆發了疫情。日本政府和官員對付新型傳染病的無能，馬上高畫質被傳播到世界各地去了。這回我看到台灣、香港的朋友們紛紛在網路上質問：日本政府怎麼搞的？為什麼日本人這麼愚蠢？但是，廣大日本社會仍以為疫情是中國和遊輪的問題，與自己風馬牛不相干。

誰料到，北海道札幌的雪祭會場發生集體感染，年輕而相貌帥氣的當地知事發布「緊急事態宣言」轟動一時；二月二十七日週四，東京永田町年老而相貌一般的首相也不甘落後，忽然宣布從週一起全國學校要停課到春假。那是一場政治秀而不是經過深思熟慮的政策。日本每一級學校都四月開學三月結業。這麼一來，全國所有學校的畢業典禮都一下子蒸發掉了。不僅如此，全國許多家長為了看管孩子，只好請假或辭職，很快就面對經濟困難。二〇二〇年日本女性以及兒童自殺案件都超出平常時期；顯然是經濟困難導致家暴，而家暴逼弱者尋短見所致。

一年過去了。日本首都東京以及周邊縣市，目前處於第二次的「緊急事態」中。東京一天的新病患人數，雖然從三週前的兩千多名下降到七百多，但是一旦解除「緊急事態」，只可能回到三週前的狀態或者更差，因為變種病毒每天在日本不同的地方被發現。

日本的問題到底在哪裡？過去一年看著電視上解釋狀況的幾位專家醫生，個個都有見識、經驗，為人也滿不錯的樣子。但是，他們的意見一向不受日本政府重視。從當初的安倍內閣到現在的菅內閣，不重視專業知識就是最大、最嚴重、最危險的毛病。

看看代表日本政府召開記者會的西村康稔議員，他的頭銜是「經濟再生擔當大臣」。連小孩子都要問：為什麼是由「經濟再生擔當大臣」出面負責疫情問題，而不是公共衛生的專家呢？答案是：日本政府認為經濟比健康甚至生命都重要。「經濟崩潰了，死去的人會比疫情造成的死者還要多」這樣的論點，在日本網路的右翼圈子裡很有市場。

日本絕不是沒有醫學、衛生學方面的人才，當權的自民黨、公明黨裡就都有醫生出身的國會議員。問題在於政府最高層有強烈的「反知性」傾向。當初醫生組織的「專家會議」向政府提出意見，然而去年七月有一天忽然被解散，由新成立的「分科會」代替。新的「分科會」正名叫做「新冠病毒感染症對策分科會」，乃「新型流感等對策有識者會議」的屬下機構。問題是媒體報導有關該會的新聞時都只稱「政府的分科會」，怎麼看怎麼聽都沒有原來的「專家會議」重要。

菅義偉內閣一上任就造出的大新聞是，拒絕承認日本學術會議推薦的一〇五名新會員中的六名。雖然政府拒絕說明是什麼原因，但是一般都相信，他們過去應邀在國會裡發表有關憲法以及國防政策的意見時，清楚地反對政府提出的方案，結果得罪了執政的自民黨高層。學者基於專業知識，憑良心發表的意見，政府不僅不接受，而且要等機會報復。如此小器的政權，是要害國害民的。

日本社會正面對的最新問題是：如何給全民打疫苗？此間民眾哭喊著：我們也要一個唐鳳。但是，有個唐鳳還不夠，日本也要一個能提拔唐鳳的蔡英文，也要有選她為總統的民眾以及民眾能選總統的機制。可見，疫情暴露出來的是日本政治制度裡的毛病。轉機會在哪裡？

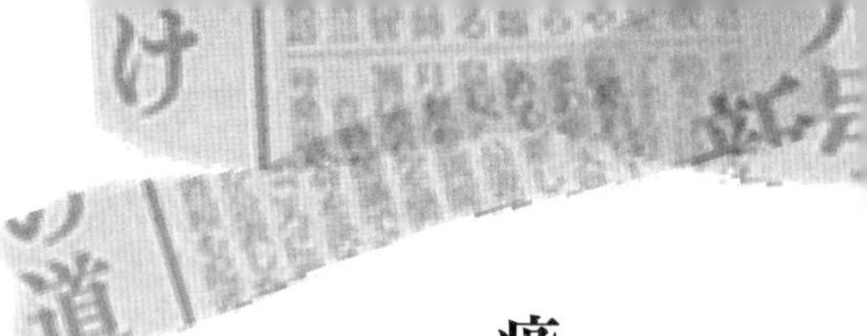

疫情與友情

一年兩次不同性質的女子會因疫情而從生活中消失以後，我才深深地感受到，那些姊妹之誼對我來說是多麼可貴、重要。

新冠疫情至今已持續兩年半之久。雖然近期日本的狀況比早些時候好多了，但也不可能回到像之前那樣隨便找找朋友就能聚會共餐、談笑風生的地步。在這個情況下，社會上有些例行活動，譬如傳統的寺廟祭典等，面臨著斷絕危機。日本神社歷來有「不言舉」即不用話說的習俗，大多數活動的歷史和內容的細節都沒有白紙黑字地寫下來，更沒有在石碑上刻下來。因疫情相隔了三、四年後，若要重新舉行祭典，恐怕一些儀式就很難原樣地傳承下去了。

另外也有一些人際關係，被迫停止一段時間後就自然消失。譬如我兒子高中時的同班媽媽們，孩子高中畢業上大學以後，還每年一次請班導出來，大家邊吃邊喝邊交換兒女的近況，曾經很像是擴大家族。然而，疫情爆發後，已經連續三年都沒能聚會。這麼一來，本來彼此已不是同班同學，不再有共同的回憶，時間一拉長，感覺就算疫情過去，也恐怕不會有下一次的聚會了。

又譬如我任職的大學科系，女性教員比例很小，為了互相幫助，曾每年邀請已退休的前輩女老師們，跟正在奮鬥中的後輩坦率分享工作和私人生活經驗及倖存的祕訣。七十歲退休的前輩們個個都很健康，很有精神，由我們後輩看來，可說是嚮往的對象。其中我特別崇拜的法語專家中島公子老師，邊工作邊帶大兩個女兒。其中一位長大後定居法國從事文學翻譯，另一位則是獲得直木賞的小說家中島京子。

有一次，在「蒲公英（即踩不死的雜草）之會」上，中島公子老師給我們講講，專攻法國文學的先生得了失智症以後，長照的日子如何艱難。未料幾年後，那則故事由她小女兒寫成小說《漫長的告別》。再過幾年，又被拍成了電影，而且主角是老師哥山崎努，公子老師的角色則由早年的美女演員松原智惠子飾演。

太可惜了，疫情爆發之後，因為老年人得病風險大，所以出於尊重和遠慮，不好邀請前輩老師們出來了。難道「蒲公英之會」就要這樣結束嗎？我曾特別珍惜這一年一次的聚會，可現在大家重聚的機會仍像是後會無期的樣子。一年兩次不同性質的女子會因疫情而從生活中消失以後，我才深深地感受到，那些姊妹之誼對我來說是多麼可貴、重要。

話是這麼說，在疫情之下生活，每一個人感到的壓力都非常大。結果，好不容易選擇最安全、最合適的時機和環境重新見面時，本來應該和睦、欣慰的場合，不知道為什麼卻變得很彆扭，最後大家不歡而散的例子，我身邊也發生了好幾個。

這究竟是為什麼呢？我估計在平時正常的狀況下，大多數人會自然地去找適合自己的機會發發牢騷，排解壓力，把自己的情緒調整回相對舒坦的狀態，以便第二天再去面對工作生活各方面的人生難題。然而，過去兩年多，被迫或者自願的隔離生活，能跟別人面對面聊天、開玩笑、發牢騷的環境太少了。換句話說，大家都憋得太久，似乎多少失去了文明地排解壓力的技巧。同時，肚子裡憋著的氣也太多了，一扭開出口，本來應該一點一點慢慢地洩出來的氣，一下子沒辦法控制，叫對方遭到滿身汙水的洗禮。

我自己就在過去幾個月裡，遇到兩次這樣的情況。自己完全是出於好意的，卻換來對方再也憋不住的氣。那股氣早就在他們的肚子裡，是我惹出來的嗎？還是定時炸彈正好到了時間，就在我面前爆炸了？

當然，上述一切都是不足輕重的小人小事。疫情開始以後，世界各地各個家庭的成員被關在一間不一定很大的房子裡，結果家暴事件暴增的報導，不僅在日本，在許多其他國家都有。現在更發生了俄羅斯侵略烏克蘭的無理戰爭，戰場上的人們無緣無故地失去了正常的日子。相比之下，我生活在雖然日趨貧窮但至少平安無事的日本東京，暫時沒有明確的生命危險，從道理上和倫理上來看，還有什麼好埋怨的？所以，現在應該做的，還是儘量珍惜我們擁有的情誼。世界和平只能從彼此尊重對方的人權開始。

想念忘年會

當初，誰也沒有想到一場疫情會持續這麼久。過去年年歲歲都重複的很多活動，就因為這個病毒而停了下來。

這已經是連續兩年沒有忘年會的歲末了。現在日本每天的確診人數位於近兩年來最低的水準，東京都政府開放在防疫措施過關的店家舉行八個人以下的聚餐，但是願意參加八個人以下小規模忘年會的人還不是很多。畢竟，公司、大學等社會上需要保持面子的組織，一般都有內部通知，嚴禁工作人員在這敏感的時期上街，以免讓機構出洋相。

現在，街上的餐飲店中，成功熬過幾次緊急事態宣言的店家，終於如常營業了，只是在桌上有透明的壓克力板，從廚師、服務生到客人，大家的臉上都戴著口罩。匆匆吃完飯，再戴上口罩聊天，壓克力板就發揮隔音作用來，叫人聽不清楚對面在說什麼，實在掃興極了。但是，去沒有壓克力板的餐廳，跟不戴口罩的人吃飯說話，心裡又會戰戰兢兢的。所以，在元旦前後一到兩週的寒假裡，大多數日本人還是選擇留在家裡，跟過去兩年裡沒有或者甚少見面的家人親戚聚一聚就了事。

當然，在疫情中，我們失去的不僅是忘年會，過了元旦以後也不會有新年會了。但願再過四分之一年，三月底的畢業典禮和四月初的入學典禮能夠正常舉行。孩子們的學校生活受新冠疫情的影響已經太誇張了，我衷心希望從幼兒園到大學的孩子們能跟同學一起參加集體活動。

現在，大家都在心裡祈禱，二〇二二年的年中行事能夠照常舉行。比如說，四月櫻花盛開的日子裡，希望能在樹下享受賞花之樂；從五月到九月，各個神社的廟會能恢復常態。我們基本上已有兩年沒過任何節日了呢。

疫情下的日子過久了，人會慢慢失去時間過去的感覺。天氣冷了就知道冬天來了。可是，夏天沒有去游泳，秋天沒有豐收節的活動，好比失去了夏天和秋天一樣。結果讓人搞不清楚，怎麼一下子冬天又到了？

最荒唐的是我住的這座城市，夏天時還不理多數人的反對而舉辦了奧運會。在酷熱到不正常的天氣下，來參加世界大典卻聽不到觀眾鼓勵的運動員們就夠可憐了。可是，被迫繳稅負擔奧運龐大的費用，又一律被禁止到現場參觀的東京居民也是很慘的。我們在電視上看著精彩的比賽，始終會困惑，這到底是現實還是在做夢？難道自從進入二十一世紀以後，我們共同做的惡夢還不夠多嗎？

我有個同事，在疫情開始之後，兩個女兒陸續結婚了。在疫情之下，不僅取消儀式和派對，而且親家之間見面吃飯都因為怕感染，只好由線上視訊代替，彼此打招呼認識一下就了事，連交換名片都沒有。之前就同居的年輕情侶們，有些就覺得趁機省略費事費錢的婚禮也好。只是做父母的難免有種跳過了夏天和秋天，忽然就到了冬天一般吃不消的感覺。

世界上在受苦的人很多。同一個社會裡，也有很多人因疫情失業而生活困難。我一個老朋友還不到七十歲，就因為新冠肺炎喪命了。他中年後離了婚，過著單身生活，估計是病情變化太快而沒來得及搶救。相比之下，我們坐在舒適的房子裡，身體狀態都不差，若是埋怨不能去遠行旅遊，就太過分了吧。不過，即將出社會的學生們，很多都本來計畫去國外旅遊、進修、留學的，由於碰上這場疫情就不可能了。我還是不能不替他們抱怨。

疫情教我們想起了國境的存在。遇到緊急情況，國門是會關閉的。我在大學開的班級裡，有兩個中國留學生。整整兩年，他們都不能拿到簽證來日本，只能乖乖地坐在位於中國家中的電腦前，每週上線來上課。這是疫情所致，不能說是誰的錯，可我還是覺得現狀對他們非常不公平。

當初，誰也沒有想到一場疫情會持續這麼久。過去年年歲歲都重複的很多活動，就因為這個病毒而停了下來。將近兩年後的今天，我們開始看到有些人際關係，兩年沒有見面後就要消失了。有些傳統活動，停辦兩年以後恐怕就得斷絕。當初，我自己沒能理解，為什麼有些人熱心討論後疫情的世界會怎樣怎樣。現在好像我們已經進入後疫情階段了。

我想念忘年會。我衷心想念迎接全新的一年之前，跟朋友們盡情聊天發牢騷的機會。但願明年這個時候，我們都能無憂地舉杯說：新年快樂。

日本疫情下的暑假

在同一個國家內主辦著奧運會，大家光看電視都會興奮。結果，街上的人流沒有減少，反映在確診人數增加上。

日本疫情下第二個暑假結束了。說暑假，其實不過是學校不上課而已，不僅不能出國旅行，而且日本國內的移動也不方便，連出去吃飯都不自由。

我本來打算八月初去西日本跟在那邊工作的兒子團聚，趁機去一趟四國香川縣、愛媛縣，吃讚岐烏龍麵，泡泡道後溫泉的。然而，東奧開幕後，日本的確診人數越來越高。過了一週，大二的女兒發高燒了。

我考慮了該採取什麼方式才能有最多選擇，最後打電話給女兒從零歲到高中畢業，一直去看的小兒科醫師。幸虧當時小朋友確診人數還很低，小兒科醫院下午三點沒有人，她說現在馬上過來就可以。

到了那邊才得知，小診所只能做跟流感一樣的抗原檢測，是從鼻孔插進棉球去的那種。抗原檢測就抗原檢測吧。不到十分鐘，在檢測棒上出現了明確的紅線：驗出病毒了。當時女兒的大學已經放假，出去辦事都戴著口罩，但是不能完全排除摘下口罩飲食時，旁邊有朋友在。

確診是新冠肺炎後，小兒科醫生能做的事情不多了。首先是開立退燒藥，其次是向地方保健所報告。

從那天起到一切症狀消失總共是十一天，女兒一直在家裡休養，為了跟我們隔離，吃飯都在自己的房間。之後她沒有看任何醫生，當我實在不能放心之際，還是回去那小兒科診所。醫生仍然幫我們向保健所打聽情況，當女兒反胃不舒服的時候，便開漢方藥給她吃。

半年前，當我妹妹患上新冠肺炎的時候，地區保健所天天給她打電話，相當仔細地了解病情。這次，女兒在第一天傍晚接到電話以後，整整一個星期沒有任何人打來電話。

第一天傍晚，對方說，患者要自宅療養十天，家人要健康觀察一週。女兒的家人就是我們夫妻。幸虧我們早兩天都打好了第二次疫苗，後來也沒有任何症狀。保健所又說，患者如果有什麼情況需要幫忙，可打電話給Follow Up Center。那個新設的機關，正式的名稱就是「自宅療養者Follow Up Center」，只不過用日本口音發音，要寫的時候就用片假名。

我的手機第二天接到了不知從哪裡打來的電話，沒有留言也沒有簡訊。這種電話，我平時都置之不理的。不過，這次認為有可能是Follow Up Center或者其他有關機構打來，於是特別小心，當電話又一次響起來時就趕緊接。原來是一個宅配員，說有Follow Up Center來的信件。但是，為免萬一感染，信件不能面對面地遞交。我先幫他打開一樓的大門，等他把信件放在我家門口，會再打電話過來通知，以便我開家門取件。

好吧。我打開家門找到了信，哪裡都沒有寫明是Follow Up Center寄來的。但是裡面有個跟指甲剪差不多大小的Pulse oximetry（血氧飽和儀，把英文名詞用日本口音念下來就是此間正式名稱），附上的紙張說：要一天測兩次血液氧氣飽和度，如果下降到百分之九十四就得叫救護車。

半年前得病，後來康復的妹妹說，發燒三天後就沒事了。相比之下，女兒的症狀重一些。她喉嚨痛、咳嗽、頭疼、噁心。一次退燒到三十六點九度的體溫又回升到三十七點七度。網路上官方的消息說：重症化的個案大多是發病後七天到十天內症狀惡化的。所以，第七天前後，我警覺心提到最高處，開始打電話給Follow Up Center。

早晨九點打電話時老是占線。十點半再打就打通了。對方是保健所人員，聽取了情況後，再轉給護士。他們都很專業，富有同理心。我慢慢開始明白，體溫三十七點五度以下是正常，若高一點不算嚴重，血液中氧氣飽和度足夠，就沒有理由擔心。頭疼就可以吃當初家庭醫生給的退燒藥，有反胃就該多喝水。

幸虧女兒的症狀沒有惡化，第八天以後就明顯改善了。當初說吃巧克力時覺得味道怪，深呼吸時覺得肺痛，後來逐漸回復正常。

但如果第八天以後開始惡化，要看醫生，叫了救護車都找不到醫院可以接受的話呢？真是連想像都不敢想像了。但是，那恰是當時正在到處發生的情況。在同一個國家內主辦著奧運會，大家光看電視都會興奮。結果，街上的人流沒有減少，反映在確診人數增加上。

電視新聞節目中，我看到在家養病惡化的例子。出診的醫生打多少次電話都找不到有空床的醫院，當面告訴患者「情況真惡劣，也許很快就沒得救了」。雖然攝影機沒拍到，但是主播說，受訪者到了第二天就喪命了。即使疫情是自然災害，但沒能避開早就預測到的醫療崩潰，只能說這是政治災害，而且是特別嚴重的。

疫情下的奧運在東京

透過疫情下的東京奧運所看到的真面目，更像是世界最大的馬戲團。無論多麼好看，多麼令觀眾感動，最終目的始終是老闆他們的經濟利益。

二〇二一年的夏天，跟我記憶中的哪一個夏天都不一樣。這個夏天，我們的地球還在疫情蔓延下，但是我居住的日本東京正舉辦奧運會。結果不出專家事先的警告，每天新通報的病患人數以指數增長。就疫情而言，當下東京的情況在過去一年半裡是最糟糕、最危險的。

於是日本有很多人都反對在這樣的情況下強行舉辦全球性大賽，直到開幕典禮時，還有一批人在會場外展開反對活動，甚至開幕以後，還有很多人在網路上收集簽名連署。畢竟，我們的城市仍在「非常事態宣言」下，餐廳營業時間受限制，學校、社區的大多活動被中止，連當場參觀奧運會的機會都沒有了，全是為了控制新冠病毒的蔓延。到底有什麼理由唯獨奧運是例外？為何不能再延期一年呢？

然而，日本政府、東京都、日本奧委會、組織委員會，都沒人出來做中止或再延期的決定。政府裡有首相菅義偉和奧運擔當大臣丸川珠代，但是看他們說話的樣子，好像奧運不是自己負責的。不久前，代替那位汙衊女性被迫下台的老委員長而新上任的前奧運自行車／滑冰選手橋本聖子，從頭到尾是個好好聽老先生指示去辦事的超可靠下屬，果然在她的詞典裡始終沒有中止或再延期等詞彙。結果在開幕儀式上，她高興地致詞，時間拖長又拖長。

這是非常日本的政治景色。大家異口同聲說：這種「一億總不負責」的現象，跟一九三〇、四〇年代，日本開始打不可能打贏的戰爭，即使戰況變壞以後都遲遲不能做出停戰決定完全是一個樣兒。當奧運開始後，確診數飆升，或者說從亞洲標準提升為歐美標準了。然而，當地媒體基本上都採取多報喜少報憂的方針，花很多時間或篇幅來報導比賽中本國運動員有什麼樣的精彩表現，使得一位政治學者在推特上質問：這不很像太平洋戰爭時期，按照大本營發布的去報導的報紙、電台嗎？（確實太像了）

過去一年半，日本政府面對疫情基本上束手無策。去年春天，跟國際奧委會討論決定，要中止，還是要延期大賽的時候，雖然也有人提出過延期兩年的選擇項目，但是安倍晉三首相說：過一年就一定有國產疫苗，日本一定會做到的，所以不必推遲那麼久，延期一年就足夠。後來，安倍面對疫情實在無力，非請病假下台不可。而到此時此刻，根本沒有出現日本國產疫苗這種東西。菅義偉是安倍長期的下屬，在安倍支持下才能接棒做首相。對他來說，推翻老闆當初的決定，像是在說人家的決定有錯或者判斷力有問題，就是很不方便。

另一方面，日本人都看到也聽到了，國際奧委會的頭頭們關於東京大賽說出的驚人之言，如：除非來到末日戰場哈米吉多頓（Armageddon），辦奧運是必然的，為此付出些代價（其實用的詞是犧牲）也是必然的。是的，Armageddon和sacrifice沒有錯。日本人開始拿他們跟二戰結束後占領日本的美國軍人麥克阿瑟元帥比較，因為我們的生死好像被掌握在他手裡。

我們長期以為奧運會是國際和平主義的體現，然而這次透過疫情下的東京奧運所看到的真面目，更像是世界最大的馬戲團。無論多麼好看，多麼令觀眾感動，最終目的始終是老闆他們的經濟利益。

一九六四年的東京奧運是十月份舉行的。那在東京是一年裡最舒服的季節；氣溫不高不低，少下雨，空氣濕度低，最適合運動。然而，這一次的東京奧運偏偏要在一年裡最熱的時候舉行。

這些年來，全球氣候變遷的結果，東京天氣已經不是溫帶氣候，說是變成了亞熱帶氣候更接近現實。在八月份的台北或香港會舉行大規模的戶外運動會嗎？不會吧？那為什麼強行在八月份的東京搞奧運？

這些問題的答案，一般日本人認為，應該問美國電視台老闆吧。正如在開幕式的入場順序，按照日語發音，美國是阿美利加，應該是最早入場的國家之一，為什麼要出現在這次和下次的主辦國日本、法國之前？這些事情都叫人覺得尷尬，於是電視主播都避開了說明。

二〇二一年八月在酷熱的東京，從世界各地來的運動員展開很動人的體育比賽。我跟很多人一樣，遵守醫學和公共衛生專家們的指示，留在家透過電視觀看奧運會，但這樣子難免發生處在科幻小說中似的感覺。這真的是此時此刻在此地發生的現實嗎？但願世界末日不會來得太快。

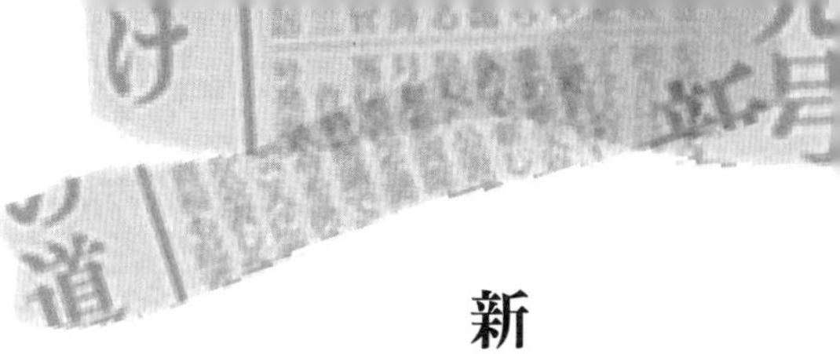

新宿歌舞伎町——從疫情中的牛郎店到大久保公園

這種社會現象到底是從哪裡來的？不能否認至少有一部分是來自對娛樂界明星的「推活」，也就是花錢支持明星的活動。

二〇二〇年春天，全世界都為了避開新冠肺炎病毒而躲起來，連素有不夜城外號的東京新宿歌舞伎町，都把面對火車站的「歌舞伎町一番街」大招牌給熄了燈，似乎所有風俗產業都被迫休業的樣子。然而，巡邏的警察發現，原來在這座迷宮中，靠近北邊時鐘酒店區一帶，大樓小樓裡有好多家牛郎店（ホストクラブ）在營業。那些店連在全世界都怕死新冠病毒的時期，也從早到晚不停地接待客人，結果發生了好幾個集體感染案件。

說從早到晚根本不算誇張，因為牛郎店的營業時間是早晨六點開始。誰會在這種時段冒著感染新冠病毒的危險，還要光顧牛郎陪坐陪酒的風月場所呢？我跟很多日本人一樣，一時想不通究竟發生了什麼事情。於是開始閱讀有關材料，逐漸理解到，之前根本沒想像到的人間地獄，就在那裡消耗著不少年輕生命。

日本全國有八百家牛郎店，其中三百家集中在新宿歌舞伎町。每家平均有二十多名牛郎，也就是總共七千到八千名男性，在這面積約三十五萬平方公尺的地區以伺候女賓為業。

那些牛郎的年紀，一般在十八到三十多歲之間。很多都來自日本社會的最底層，受過家暴等，高中沒有畢業，因此找普通工作有困難。在他們的主觀世界裡，只有去新宿歌舞伎町從事牛郎業，才能賺到一筆錢，有一天會出人頭地。

偶爾也有大學生來打工，得知有可能賺到的數目確實比其他行業多很多，一部分人就退學而變成專業牛郎，後來往往加入管理階層。作為牛郎代表人物的手塚真輝，上過了多種媒體，他在讀中央大學理工學院時來歌舞伎町當牛郎而退學，六年後成為牛郎店的老闆。

一開始連住所都沒有的小伙子，到了歌舞伎町就住進店家老闆提供的宿舍，那一般是密密麻麻放了幾張雙層床的小屋子。這樣子，他們一方面擁有了棲身之所，另一方面卻得完全生活在老闆的支配下了。歌舞伎町牛郎之間發生新冠肺炎集體感染，主要是共同生活的空間很小、很密集，通風不好所致。

此外，共同生活的牛郎之間發生霸凌、暴力事件也是相當常見的。例如，正在寫這篇文章的二〇二三年十月二十五日就有消息指稱：靜岡縣警察以對一名大學生牛郎集體暴力致死的嫌疑，逮捕了四名同事。大學生的死因是溺死，恐怕是在宿舍的浴缸中受到虐待。

日本牛郎普遍化著女人般的妝，雖然並非都是天生的美男子，但他們強就強在年輕，下了工夫後，看起來就有點像傑尼斯明星後面的群舞演員了。花錢要接觸他們的，不是一般人想像中的闊太太，而是平均年齡為二十幾歲的輕熟女。問題在於牛郎店的消費水準，早就脫離日本其他商品或服務的價錢尺度，該說已達天文數字了。

第一次去一家牛郎店一般都能享受到減價服務；第二次去同一家店就成為常客，開始跟特定的牛郎形成「擔當（牛郎）——姬（公主＝顧客）」的關係以後，一次坐上幾個小時就付幾萬、幾十萬日圓是很平常的事。據報導，在外頭賣一瓶六千五百日圓的香檳酒，牛郎店的賣價是五萬到七萬日圓。對日本年輕人來說，那是好幾天的薪水。如果在牛郎的生日那天，要為他搭起多數玻璃杯重疊而成的所謂「香檳塔」，那麼起價就是一百萬日圓，再加上店家所說的「ＴＡＸ」實際上不是稅金而是店方收的服務費——就到一百五十萬了。那是普通人工作好幾個月才能掙到的錢。

今天，在新宿歌舞伎町不同種類的風月場所中，牛郎店的營業額僅次於陪浴賣淫的肥皂樂園。相對新興的牛郎店產業能有如此高的營業額，不外是收費標準不正常的昂貴所致。

到底什麼樣的女性才付得起那麼昂貴的享樂費用？答案是她們自稱的「ホス狂」即「牛郎狂」。可以說，如果有正常的判斷能力，是不會去牛郎店花那麼多錢的。至於沒有正常判斷力的「牛郎狂」，她們因為不夠聰明，自尊心也很低，從小在家、在學校受到家暴和霸凌，到了新宿歌舞町牛郎店，人生第一次被人款待、讚揚、疼愛，變得再也不能自拔，而她們掙錢的辦法只有賣淫和騙老男人。

今日在日本新宿歌舞伎町營業的多數牛郎店，賣的不是單純的酒水或者陪坐陪酒服務。牛郎跟顧客的「擔當——姬」關係也包括店外聯繫、一起吃飯、喝酒、睡覺，甚至居住等「色戀營業」。「牛郎狂」顧客一開始知道對方不是真正愛自己的戀人，而是花錢維持關係的「擔當」而已，所以更加需要花更多錢繼續購買「擔當」的關心，這是為了贏得頭號「姬」的地位。

宇都宮直子是為日本多數週刊雜誌撰稿的自由記者，她在專書《牛郎狂》（ホス狂い〜歌舞伎町ネバーランドで女たちは今日も踊る〜）的開頭，介紹二〇一九年發生的一宗刺傷案件。

犯人是二十一歲的酒吧店長，受害者是二十歲的牛郎。牛郎在日本鄉下出生，父母離異後，七個兄弟姊妹在不同的孤兒院長大，中學畢業後獨立工作，卻很快就淪落為無家可歸的流浪漢，十九歲時來到歌舞伎町，受到牛郎店學長的照顧，「平生第一次感覺到家庭般的溫暖」。

至於二十一歲的犯人，她母親是中國人，父親是日本人，兩歲的時候，母親帶她搬來日本住。據宇都宮描寫，犯人是個很漂亮的年輕女生。她在法庭的證言是：每個月在牛郎店花了幾百萬日圓，跟受害者有男女關係，也談到要一起生活。為了掙那麼多錢，她除了在肥皂樂園固定工作以外，還自己在外頭找嫖客。「雖然感到很痛苦、很慘，但是因為他說不久就會辭退牛郎店要跟我一起生活，所以我才拚命努力」。但是，牛郎跟其他女人去酒店開房間，常常向她撒謊，也對她動粗，叫她最後忍不住就揮刀了。

判決是徒刑三年六個月。犯人從牢中給牛郎寫信說：「非常抱歉，很對不起。感謝你給了我兩個月像做夢一般幸福的時間。」這案件的加害者和受害者都在日本社會底層長大，都沒有健康的自尊心，也沒有正常的判斷力。他們都以賣笑賣淫為業，都知道彼此的關係是金錢帶來的幻想，但也不知道真正的愛情關係到底是怎麼回事。

疫情穩定下來後，我繼續關注有關新宿歌舞伎町的新聞。一個原因是我自己在新宿附近出生長大，直到十二歲搬走為止。尤其屬於同一地區的大久保醫院是我妹妹和一個弟弟出生的地方。過去一兩年常聽到鄰近醫院的大久保公園旁邊出現不少日本女孩找嫖客，讓我無法不受到衝擊。

前述宇都宮直子的書中，以及非小說作家高木瑞穗的書《新宿歌舞伎町路上賣春》（鐵人社）都指出，街頭賣淫的危險性比其他形式如肥皂樂園高很多，因為萬一遇到罪犯時也沒有人會保護。然而，十幾到二十幾歲的年輕女生，無例外地為了去牛郎店而花大筆錢，冒著最大的危險也要在歌舞伎町旁邊的大久保公園拉嫖客。

她們的理由是自己去附近的鐘點酒店找嫖客，花的時間最短，一個晚上可以找好幾個客人，比在肥皂樂園等地方白白地等客人，效率高很多。而且掙到一筆現金後，馬上可以去附近的牛郎店，為自己的「擔當」花錢。牛郎店的客人為了保持或提高「擔當」在店裡的地位，要不停地投入現金。有時候，如果牛郎沒得閒坐下來，客人都要直接去收款處付錢。可見，牛郎狂變成野雞，或者成為牛郎狂的同時也成為野雞的機率相當高。

叫人想不通的是，如果她們要的是一個真正愛自己的男人，那麼牛郎店絕對不是該去的地方。即使她們喜歡上一個牛郎，與其去牛郎店花錢搭香檳塔，不如直接給他錢吧？但是她們的思路就是不一樣。生長在爛熟的資本主義社會裡，她們堅定地認為：任何東西都只能花錢才買到。

牛郎和「姬」的關係顯然呈現著一種病態。沒有人能在正常的情況下付出牛郎店要求的那麼多錢。二〇二三年十月二十四日，東京警察就逮捕了歌舞町一名牛郎和牛郎店的老闆。他們的嫌疑是叫一名「姬」去詐騙五十多歲男人，並且騙取了四千萬日圓，即在郊區能買到一棟房子的錢。警察逮捕他們是依據一般用來取締黑社會團體的「組織犯罪處罰法」，顯然當局都開始視牛郎店為反社會集團。被捕的牛郎在影片裡顯擺自己房間中堆高的現金，說「有五千多萬日圓也買不到快樂」。這種行為對一般社會尤其是年輕人的負面影響非常大。他也曾叫同一名「姬」花一千多萬日圓買下一個普普通通的茶壺；無論是開玩笑還是霸凌，都到了嚴重罪行的地步了吧。

這種社會現象到底是從哪裡來的？不能否認至少有一部分是來自對娛樂界明星的「推活」，也就是花錢支持明星的活動。二〇〇五年出道的AKB48，同一年開始展開買ＣＤ就可以握手的活動。從二〇〇九年到二〇一八年，更舉行過買ＣＤ的粉絲可以參與投票的「總選舉」。為了自己支持的偶像能在團體裡占到儘量好的位置，許多粉絲花錢買下投票券。

從前也有偶像，從前也有粉絲、追星族。但是，普通粉絲透過花錢購買跟偶像有關的商品支持她／他，大概是AKB48的「握手會」和「總選舉」帶動的潮流。而且從大明星開始的「推活」，後來也發展到「地下偶像」（地下アイドル）去了。從不上電視或大眾媒體的地下偶像，對追星族來說是更容易接觸到的對象，而接觸她們／他們的途徑也一定是花錢買商品。例如，在「地下偶像」的演唱會後，買張票就可以用拍立得相機一起拍照片。令人擔憂的是，不少女中學生為了推活「地下偶像」，拚命打工掙錢，而且聽說在很多場合，一起拍照其實包括密切的身體接觸。

大男人買下大量CD去跟小小年紀的女偶像握手，已經叫人覺得不大對勁。那麼，小女生打工掙錢去買跟「地下偶像」在身體上接觸的機會呢？當然，這些「推活」和新宿歌舞伎町牛郎店消費之間的差距是很大的。儘管如此，最近歌舞伎町新流行的「メンズコンカフェ」（Men's Concept Café，男侍概念咖啡廳）已經吸引不到二十歲的小女生顧客。花費介於「地下偶像」和牛郎店之間，概念咖啡廳也以拍立得相機叫顧客花更多錢去接觸男服務生。

健健康康的年輕人，為什麼不跟身旁的同學光明正大地交朋友，而要到聲色場所花很多錢去接觸賣笑職業的人呢？但他們是我們社會培養出來的年輕一代，應該好好反思的恐怕是今日的大人一代吧。

日本疫情的女性自殺率

日本的社會結構處處對女性不利，她們即使付出跟男性一樣多的力量與時間，也很難得到跟男性一樣多的報酬。

疫情發生以來，國民自殺率大幅提高。現在每月平均有兩千名日本人自殺，遠遠多於因新冠肺炎喪命的人數。尤其女性自殺案例，二〇二〇年十月比起前一年竟高出了百分之八十，很多人相信，這該歸咎於日本社會裡蔓延的性別歧視。

自從新冠肺炎襲擊日本，飲食業、旅遊業、零售業受到的打擊最大，而在這些服務行業的工作人員裡，女性占的比率相當高。結果，因疫情失業的十萬日本人中，大部分是女性。她們的工作條件本來就很差：大部分是非正規勞動者，不僅收入低，工作也沒有保障。如果是單身或單親的話，一旦失去收入來源，連吃飽穿暖都馬上成為問題。

在男女學歷幾乎相同，女性占勞動人口百分之四十多的社會裡，女性平均收入卻不到男性的百分之六十，究竟是怎麼造成的？除了升學、聘用時女性被排擠以外，家庭、社會中許多無償的照護勞動（care work），例如帶孩子、看護老人、學校家長會的工作等等，統統都被視為女性天生的義務。再說，男性的工作時間長到不可能跟妻子分擔家庭責任。因而日本女性結婚、生育以後，繼續做全職上班族談何容易。

然而，全職照顧了幾年小孩子以後，當她們要回到職場掙點錢之際，一般只有非正規工作可做，而且工資水準就跟當地該年的法定最低薪資相同，也就是跟高中、大學的工讀生沒有分別。不僅在速食店、超市打工如此，連在辦公室裡當文書人員亦如此。這只能說是社會結構命定的男女差別待遇吧。儘管如此，疫情蔓延開來後，連法定最低工資的臨時工作都很難找了。

二〇二〇年二月底，當時的安倍首相忽然宣布：幾天後全國所有學校都要停課三週。也許是為了抗疫的必要措施吧，但是學校停課，孩子們就只好留在家了。在疫情下，老人家屬是最弱勢的族群，不能向他們求助照看孫輩。這時候，能照顧孩子的只有他們的母親而已。於是全日本幾百萬母親就同時面對了極為困難的選擇：要麼乾脆辭職在家看顧孩子，或者照常上班卻心中一直擔心留守的寶貝有沒有出事。日本的小學、中學在數位化方面很落後，不可能在幾天內為同學們準備足夠的線上素材，停課期間如果不給孩子們在家補課，在學業上他們就非吃虧不可了。

與此同時，日本政府鼓勵各家大企業盡可能讓員工留在家中從事線上工作。聽起來不錯。只是，日本家庭的居住環境一直以小聞名，普通白領回到家後，並沒有專用的書房。結果，孩子的爸爸在飯桌上打開筆記型電腦時，停課中的小朋友就不能在旁邊看影片或玩電腦遊戲了。這麼一來，在小如兔窩的公寓裡，家庭成員之間的壓力越來越大。果然沒多久，家暴通報案件比前一年超出六成以上，一個月就達到一萬五千件。但是，這又不能說家庭外比家中安全。有報導說，學校停課期間，中學生意外懷孕的案件激增。那一段時期，因為官方命令平時一天經營二十四小時的網咖停業，常客們失去棲身之所，有些女孩就在社群網路上找一夜房主，結果意外懷孕的個案紛紛發生。

人們自殺的原因向來不單純。二〇二〇年中期日本有幾個年輕藝人尋短見，恐怕也影響了一批人。現在媒體都採用專家的建議，不會仔細報導自殺的方法，可還是阻止不了年輕人和女粉絲仿效明星。古今中外，男性自殺率都比女性高，學者認為是男性社會責任大所致。如今日本女性也負起經濟責任來了，要是單親媽媽的話，更不在話下。但是，日本的社會結構處處對女性不利，她們即使付出跟男性一樣多的力量與時間，也很難得到跟男性一樣多的報酬。

日本重男輕女的傳統早已聞名於世。可是，曾經一樣受儒家思想、父權制影響的東亞各國，如台灣和韓國都已出了女性總統。反之在日本政壇，女性政治人物仍然寥寥可數，甚至女性結婚以後保持原姓的選擇都還沒有。這其實是我們這一代年輕時早就提出的課題，真沒想到過了三十年還遙遙無期。日本啊日本，你到底還要失落多少年？我們非得為孫女一輩爭取自由公正的社會了。

「成人式」的鶴樣和服

日本人不穿和服，有幾個明顯的原因。首先，活動不方便。其次，夠體面的和服要價不菲。其三，穿和服程序太複雜，尤其對女性而言，很難自己一個人穿上。

如今的日本人一輩子中穿和服的機會，平均起來大概沒有五次吧。女孩子有三歲、七歲在十一月十五日去神社拜拜的「七五三」，高中、大學的畢業典禮，接下來就是二十歲的「成人式」以及結婚典禮。結婚以後還找機會穿和服的人不是沒有，但是很少。參加親朋好友的婚禮時穿和服的人，這些年幾乎消失了。

那是女孩子的狀況。那麼男孩子呢？

對男孩子而言的「七五三」，則是五歲去神社拜拜。可是五歲的男孩中，被父母穿上和服的向來屬於少數，大多數孩子倒是穿上西裝繫領帶。高中、大學的畢業典禮以及二十歲的「成人式」，大多數男孩也穿西裝，極少數穿和服的男孩子居然是飆車族。可見，日本男性穿和服的傳統比女性早消失。據說，昭和天皇裕仁成年以後都沒穿過和服，大概是他想要成為西方式君主的關係。唯一的例外，是他作為神官主持神道儀式的時候。

把女孩次數和男孩次數加起來除以二，就是不到五次了（夏天晚上穿著去看煙火或者乾脆當睡衣的棉質「浴衣」不算）。

日本人不穿和服，有幾個明顯的原因。首先，活動不方便。其次，夠體面的和服要價不菲。其三，穿和服程序太複雜，尤其對女性而言，很難自己一個人穿上。

總之，我自己結婚以後都沒穿過和服。女兒過三歲和七歲的「七五三」時，我都給她穿上了和服。轉眼之間又過了十多年，今年一月的「成人式」，她恰好二十歲，收到了地方公所寄來的邀請書。

日本有慶祝二十歲青年「成人」的活動，是在一月第二個星期一（早期定於十五日）的國定假日「成人の日」當天舉行的。跟有歷史根據的「七五三」不同，「成人式」是第二次世界大戰以後開始的；所以一般也不會到神社拜拜，而是參加地方公所主辦的簡單儀式，然後就當它是同學會。中學畢業以後，去了不同學校的青梅竹馬，可以趁成人式聚在一起。在正常情況下，同一所中學同一屆畢業的幾百人，會包下飯店宴會廳，盡情享受只有成年人才被允許的飲酒瞎鬧活動。

但去年因為疫情，大多數地區都取消了成人式。一些地區，如我住的地方，推遲到三月底才舉行儀式。畢竟有很多年輕人以及他們的父母，都很期待穿著盛裝跟老同學們團聚的這一天。尤其對女孩子而言，穿豪華和服的機會有限，大部分人仍會預定在照相館請專業攝影師拍攝肖像，以便相親時拿出來事先給對方看一下長相。

如今日本人幾乎不穿和服了，但女兒要參加「成人式」，就一定要找來綢緞振袖（長袖）和服給穿上。和服的來路一般是服裝出租店。把和服、腰帶、腰繩、足袋（日式襪子）、鞋子、假毛皮圍巾、包包等等整套租下來，再加上拍攝照片的費用，最少也要十幾萬日圓，可惜穿好後沒幾個小時，就得脫下來換上洋裝去參加晚上的同學會了。

有一部分人會覺得與其花那麼多錢租衣，不如乾脆買下來，以後若要再穿的時候就可以省錢。這雖然不是行不通，但是難就難在連傳統和服都有每年每季的流行時尚這回事。所以，今年覺得不錯的花樣，過幾年就不知道還會不會喜歡了。依這條思路，其實已上了商家的當。和服本來就是可以穿上很多年的東西。例如我女兒這回穿的，便是四十年前我姥姥為我這個外孫女的「成人式」而訂做的。

姥姥當了幾十年的單身母親。我懂事的時候，她跟現在的我差不多歲數，但已經幾乎退休，靠著出租自己房子的租金生活。四十年前的我是反叛心很強的女大學生，然而還是被傳統服裝之美吸引，高高興興地穿上去參加新宿區的「成人式」典禮。年輕人知識少眼光低，我第一次仔細看姥姥贈送的那件和服，已經是將近四十年後為女兒的「成人式」做準備的時候。

女兒是美術大學的學生，平時超愛二手舊衣服店。關於「成人式」的服裝，一聽到我有來自家族故事的綢緞振袖就興致勃勃。從我娘家的櫃子中拿回來後，帶去清洗和調整袖子的長度，再添買新鞋子、包包等配件，高高興興地穿上去見老同學們。只是由於疫情，大規模的同學會取消了，以在公園裡站著聊天來代替。

「成人式」當天，女兒帶著兩大包的東西去家裡附近的美容院，師傅說大約一個小時就可以完成。當我再過去接她時，看她已經穿好和服的樣子，才第一次真正看見長長的袖子上飛著很多很多隻鶴。原來如此！

我姥姥的名字叫「鶴」。她當年自己去為我選這件和服的時候，一定是看到了屬於自己的圖案，才決定買下來的。傳統的東西有意想不到的強勢。四十年過去了，和服還像新的一樣漂亮。再說，因為不是從商家租來的，跟別人穿上的流行款式完全不同。也就是與眾不同。追求個性的美大生很高興，做她媽媽的也非常高興，心中深深向姥姥鞠躬：感謝您，歐巴醬。

Part 4

大和魂的反智

劣化日本

我生長在二戰後民主自由的日本，沒想到自己有生之年會看到社會變得如此不民主、不自由。

最近在日本媒體上，常看到路易十六、國王新衣等名詞。指的顯然是總理大臣安倍晉三，卻不指名道姓。這樣的做法，以前在日本沒有，倒是在前蘇聯等共產主義獨裁國家常見到。

過去七年半，日本在世界言論自由排行榜上的位置越來越低。對政權不利的言論，無論是在報紙、電視上的，還是在社群網路上的，都會遭到直接來自政府或者不知收錢了沒的親衛隊之抗議。怕麻煩的媒體、寫作人、機關、民間團體，大多採用自我約束政策，也就是日語所謂的「自肅」了。

不點名批評安倍晉三，倒以路易十六、國王新衣等名詞來代替，一方面可以說是一種「自肅」，另一方面也可以說：那些親衛隊以及他們的老闆，文化根基都不厚，看不懂西洋歷史上的名稱或安徒生童話所含有的意義是什麼，因而作者和編輯協同用暗號來批判當權者了。

我生長在二戰後民主自由的日本，沒想到自己有生之年會看到社會變得如此不民主、不自由。如今上台已有七年半的第二次安倍政權，不通過正常在國會裡討論投票的次序，反而濫用「閣議決定」等法律基礎頗為可疑的做法，來扭曲日本的民主制度。

問題尤其大的案件有：違反日本憲法第九條的集體自衛權經「閣議決定」後變得「合法」（二〇一四）；國家公務員法有規定不讓檢察官拖延退休，為的是禁止當權者肆意任命檢察官來逃避因失職而被起訴，但也只經過「閣議決定」，現在連檢察廳長官都可入「例外拖延退休」之列了（二〇二〇）。前者違反戰後日本和平憲法的精神；後者叫當權者更加無法無天，包括肆意對媒體施壓。

在這次的新冠肺炎疫情中，日本政府的無能無力是全世界有目共睹的。可以說，只有日本人沒看清楚，因為大多數人只會看日本媒體，而不會看英文、華文等外國媒體的報導。至少有四、五成的日本人至今還相信自己國家的政府對抗病毒算有成就。這只能說是日本人的資訊環境之封閉，實際上跟中國並肩。但是，華文圈在中國之外還有香港、台灣、海外僑區。反之，日本周圍只有大海、大海和大海，叫日本人聽不到來自外邊的聲音。

有個詞叫「劣化」。例如，看起來結實耐用的塑膠產品，過了一些年後，忽然化為碎片。或者剛修完時相當堅固的隧道，過了一些年之後，忽然塌下來造成大事故。曾經顯得健全的日本民主社會制度，進入了二十一世紀後，開始處處看得到裂痕。今年關於新冠肺炎的慘狀，可以說是隧道最後塌下來造成的大事故。

還記得一九八〇年代末到九〇年代初，我在國外常見到有人讚揚日本社會的種種制度和系統。當年有美國學者傅高義寫的《日本第一：對美國的啟示》一本書。全體日本簡直受寵若驚，因為之前的三、四十年，都活在二戰戰敗的陰影下，被罵為什麼猴子啦、十二歲兒童啦、住在兔窩的經濟動物啦。道理很簡單：經濟搞得好，就被人看得起。

二戰後的日本經濟迅速發達，至少有一半的因素是國際環境對日本有利。在冷戰架構下，美國為了對抗蘇聯、中國，給日本提供安全保護。東亞最大的中國在共產黨統治下內部互鬥，給日本提供了機會利益。

另外一半的因素，用日本當年的說法是「護送船隊方式」，即政府策劃領導、企業合作服從的國家資本主義制度。具體而言是日本在一九三〇、四〇年代在當年「滿洲國」施行的經濟統制，搬到戰後日本來。此一制度的設計者，正是發動了太平洋戰爭的東條英機內閣商工大臣岸信介，即安倍晉三的外公。

眾所周知，安倍最崇拜的人是他外公。目前受安倍任命負責抗疫的經濟再生擔當大臣西村康稔，在自己的網頁上公然說道：岳父是前國會議員，給太太取名的義父是岸信介。可見他跟安倍之間有類似親戚的關係。

安倍晉三最大的罪過是把政治當作家業，並以家族企業的方式來經營。七年半下來，日本的政治人物、官員很多都變成了他家的傭人似的，違反良心也要取悅老闆。對安倍來說，權力顯然就是權益，政治只不過是分配利益的過程。

世上俗稱「安倍口罩」的布口罩，國會兩院裡只有他一個人戴。該差不多是時候，全體議員站起來像童話中的小朋友大喊：總理的口罩既小又髒沒人要！

民主和民度

日本很多選民對政治不大有興趣。有些人純為取樂，把票投給古怪的新黨，把一個個怪人送去國會，想來也是非常可怕。這就是不珍惜民主制度的後果。

人是否只會珍惜自己曾渴望而爭取的東西？別人送來的禮物，即使內容一樣，是否不能叫人愛得一樣深？看日本人對選舉的冷淡態度，跟台灣人對選舉的熱中程度相比，不能沒有如此的疑惑。

大約從一九九〇年代起，日本國政選舉的投票率都不到百分之七十。如果是選出縣長、市長的地方選舉，那麼投票率不到百分之三十的例子並不罕見。

再看看年齡層和投票率的關係，明顯有年紀越小投票率越低的傾向。以二〇二一年十月的眾議院議員選舉為例，三十歲以下的選民中，投票率不到百分之四十。相比之下，四十到五十歲的投票率就超過百分之五十，五十到六十歲的則達百分之六十，六十歲以上就有百分之七十的人出來投票。

年紀大的日本人還記得，在一九四五年以前，多數日本人包括所有女性都沒有選舉權。日本人是打仗輸給同盟國，被美軍占領的七年中，從敵人手裡收到民主憲法的。其中就寫明，根據憲法，要舉行凡二十歲以上的日本國民，不分男女均可投票的普通選舉。至今通用的公職選舉法亦是在美軍占領下的一九五〇年施行。

根據日本政府總務省的民意調查，人們棄權沒投票的原因是：第一，對選舉沒有興趣；第二，沒有合適的政黨或候選人；第三，工作太忙；第四，弄不清楚政黨或候選人之間的區別。

對大多數日本人來說，選舉權跟不用開口要就免費送來的白開水一樣。尤其二〇一六年修正公職選舉法以後，開始自動收到投票券的十八、十九歲年輕人看來，選舉權像極了從六歲開始的九年義務教育，基本上是大人強加於小孩子的麻煩玩意兒。糟糕的是，政府一方面下拉選舉權年齡，另一方面發出通知，明文限制高中校園裡的政治活動。

三十年前，當投票率開始下降的時候，日本經濟處於巔峰期；對多數人來說，當時的現狀已夠好，不必再通過政治活動來改變社會。那是自民黨小泉純一郎領導下，所謂劇場型政治受歡迎的時代。他身為自民黨總裁，留著搖滾樂手般的長頭髮，揮著拳頭說：破壞自民黨！他推動的是新自由主義經濟政策，破壞的是日本從前的終身雇用制；之後，越來越多人只能找到臨時性質的不正規工作，導致收入水準直線遞減。

後來長期掌權的安倍晉三，是在戰後日本的首相中，思想與立場最右翼的一個。因為想念二戰前的日本，對民主、人權、言論自由等美國占領軍帶來的普世價值充滿仇恨，頻頻干涉媒體的新聞報導。尤其每逢選舉，向電視台施壓，不讓他們播放太多有關的報導。副首相麻生太郎公然說過：越少人出來投票越好。因為投票率越低對執政黨越有利。

儘管如此，這次的參議院議員選舉，跟過去的任何一次相比，水準都更低。執政的自民黨在東京推出的候選人是前沙灘排球選手和三十年前歌壇的老偶像，顯然是徹底看不起選民的判斷能力。幾年前還讓人滿期待的立憲民主黨蓮舫，今天看來就是一名資歷較深的政壇藝人。老字號共產黨和社民黨則面對著消滅危機。

忽然湧出的好幾個新政黨則一個比一個古怪。名叫NHK黨，實以「破壞NHK（日本放送協會）」為本的政黨，是幾年前一個前NHK職員不知受了什麼刺激開始到處參選的。在上一次的參議院選舉中，他還當選過，卻為了參加別的選舉而辭職。現在，該黨的第二把手是前眾議院議員，因在公私兩方面的醜聞而於國會受過譴責。這種有問題的政治人物溜進古怪新黨，是目前的一個潮流。NHK黨在網路上的名氣很大，完全有可能成功再送代表去國會議事堂。

日本第一黨，則專門發出對韓裔人士、中國人的種族主義仇恨言論。參政黨，以前眾議院議員為黨魁，可視為日本反疫苗運動的大本營。另外，宗教團體「幸福科學」組織的幸福實現黨、新黨國守等，在政治理念方面都特別保守，比自民黨還右派，民族主義色彩特別濃。

日本很多選民對政治不大有興趣。有些人純為取樂，把票投給古怪的新黨，把一個個怪人送去國會，想來也是非常可怕。這就是不珍惜民主制度的後果。

日語中有個詞叫「民度」，指的是國民素質的程度。看看這次參議院選舉的公報，我最大的感受是：日本的民度，到底要下滑到什麼程度？

蓮舫和寅子

將近一百年以前，寅子遇到的困難，跟今天很多日本女性的處境幾乎是完全一樣的。

如果專門聽我同溫層的意見，七月七日東京都知事選舉的勝利者只能是蓮舫。畢竟她的對手、現任知事小池百合子，過去兩任共八年的政績很惡劣：東京奧運會和築地鮮魚批發市場的遷址，都淪落為官商勾結發橫財的舞台。還有每年九月一日的關東大地震紀念日，之前的知事都會為一九二三年在災情中因造謠被虐殺的朝鮮人悼念，然而小池上台後卻連年拒絕致詞，嚴重損害了東京各民族居民之間的和諧友好。

相比之下，蓮舫站在弱者一邊的政治立場非常明顯。雖然她跟小池一樣是電視主播出身，可是她轉入政壇後卻一直屬於在野黨。這一點跟其他娛樂界出身的女性政治家幾乎清一色地成為執政自民黨的啦啦隊，呈現特別清楚的對照。蓮舫在這次參選之前，為了代表持有不同政治立場的廣大市民，辭掉了參議員職位，也退出了立憲民主黨，成功地鞏固了社會民主黨、日本共產黨、無黨派自由主義者等中左派勢力，以及各年紀職業女性的全面支持。

儘管如此，七日晚上八點投票結束，各電視台馬上發出了「小池當選」的訊息。蓮舫的得票數一百三十萬，連小池獲得的兩百九十萬票的一半都不到。更令人驚訝的是，這次忽然出現的前廣島縣安藝高田市長石丸伸二，獲得一百六十五萬票，成為了僅次於小池的第二名。京都大學經濟學系畢業後曾在三菱東京ＵＦＪ銀行工作的石丸，現年四十二歲，政治立場極右，作風高壓，主要是在YouTube上的激進發言吸引了年輕一代選民的注意，而且在中年一代的新興企業家中，願意出錢幫他走上政壇、以便自己將來得到政治經濟等各方面利益的人，顯然為數不少。

蓮舫的敗因是什麼？選舉結束後，藝人出身的前眾議員、前宮崎縣知事東國原英夫在一個電視節目中說：「我雖然是她的老朋友，還是得直說吧。對阿蓮，從生理上嫌棄她的人是很多的。」對此言論，蓮舫在Ｘ（推特）上回應道：「我跟這個人完全沒有私人來往。」她也寫道：「有些話，大家對男性永遠不會說，對女性卻會輕易說出口。」

沒有錯。對於男性的問題行為，始終願意閉一隻眼的日本社會，當面對要打破傳統角色的女性之際，根本缺乏合理論據的汙衊和人身攻擊，來得非常容易。

你也許要問：那麼小池百合子呢？透過這次的選舉，我們看出來了，她和蓮舫的作風幾乎一百八十度的相反。小池的打扮、化妝、表情、語氣等，都強調溫柔女性味，簡直說台詞一般地表現出慈母、聖母形象。那其實就是銀座高級酒吧的厲害媽媽桑們，對待菁英階層男性客人的職業態度。

相比之下，蓮舫的打扮、化妝、表情、語氣等都相當中性化。穿著單色的長褲套裝，高瘦的她把由衷的真心話以沙啞的聲音喊出來的樣子，以其高度真實性打動一樣是職業女性的選民，以及對老男人主宰的日本政治感到絕望的其他選民。

這次支持蓮舫當東京知事的，不僅只在東京有，連住在其他縣府沒有選票的很多人都拿著「支持蓮舫」的紙牌走上街。那是因為他們切身感受到蓮舫所面對而要克服的障礙是多麼大。看社群網路上的發言，果然他們跟蓮舫一樣是NHK晨間劇《如虎添翼》（虎に翼）的大粉絲。自從今年四月開播，日本各地天天都有很多人說，看著就哭了！

《如虎添翼》是根據事實改編的女性傳記。主角是二十世紀前半葉當上了日本頭一批女律師、女法官之一的豬爪寅子（伊藤沙莉飾演）。在大男人主義的日本社會裡，當年女生要上大學讀法律已經算夠大膽，寅子果然遇到重重困難，至於她的同學們，很多都中途被迫放棄初衷。然而寅子獲得家人、老師、學長、同學等的支持，透過自己的刻苦努力與周圍人的協助，為學妹們開拓了一條路。

NHK的晨間劇，過去七十三年來播放了許多以傑出女性為主角的作品。可是，吉田惠里香編劇的《如虎添翼》給觀眾帶來的真實感實在突出。將近一百年以前，寅子遇到的困難，跟今天很多日本女性的處境幾乎是完全一樣的。當年她是極為少數的菁英之一，而今天很大一批職業女性在日本，正是在吃她當年被塞在嘴裡的苦頭。

看看蓮舫的推特，六月十日她就寫過：唉唷，今早又是，看著《如虎添翼》哭了。這一種哭，不是同情主角的苦難而哭，而是在螢幕上看到跟自己一樣的苦難而忍不住哭的。不僅蓮舫，在日本各地，在很多職業、職位上，要打破傳統觀念，要追求自己理想的很多女性，終於因為在電視螢幕上看到自己真實的影子，而正在嚎啕大哭中的！

日本民主主義的黃昏

對如此腐敗的政治現狀，很多年輕人感到噁心而要敬而遠之，當然是可以理解的。但是，腐敗老頭子們則更加理解這個心理機制。

民主主義制度以一人一票為基礎。但並不是每個國家的人民擁有的一張票都具備同樣分量的權力。像台灣和法國這樣，由國民直接投票選出最高領導人的國家，在全世界屬於極少數。

美國的總統選舉花好幾個月進行的程序，大家可以在媒體上看到。其他國家如英國、德國、加拿大採用的是議員內閣制，乃由國會裡最大黨的領導人來當首相。

而日本呢，制度上是議員內閣制，由最大黨的黨魁來擔當總理大臣。只是，長期掌權的自民黨選出總裁的程序，並不總是採用能夠反映民意的方法。

目前的總理菅義偉被選出來時，僅是在自民黨國會議員之間進行選舉，不像過去幾次的總裁選舉，日本全國一百萬付費自民黨員都能透過投票來表達意見。自民黨方面的解釋是：前任首相安倍晉三在疫情中因病退下，不宜為總裁選舉浪費太多時間。但是大家不相信。一般都認為：自民黨的八旬老人們非得選出菅義偉當下一任總裁不可。萬一與安倍敵對的前國防大臣石破茂被廣大黨員選出來，屬於安倍派的議員們不僅得坐冷板凳，而且以受賄等嫌疑被抓起來都大有可能。

安倍晉三前後當了七、八年的首相，是明治維新以後在職時間最長的總理大臣。然而，在他治下，社會各方面都停頓下來，沒有進步，所以當疫情爆發的時候，日本政府各機構的反應都慢到極點。原因在於安倍內閣透過人事權嚇住了各級官員，讓他們深信最好的保身法就是什麼也不做。

以前常有人說，日本的首相閣員再不怎麼樣，但還好有優秀的官員在幕後經營著國家。然而，從當權者看來，優秀的官員倒是眼中釘。安倍內閣一步一步地奪取了官員的人事權力，以前中立的公務人員，這下子就變得一切都要聽「永田町」（首相官邸所在地）的了。具體來講，安倍晉三當權時期發生的幾宗經濟疑案，若是被召喚到國會的官員們說出真相的話，首相早就被迫退下來，恐怕連國會議員的職位都得辭去了。然而，在安倍長期政權下，站在國會議事堂發言的高級官員，一個又一個地重複說「沒有記憶」「沒有紀錄」。為了隱瞞在國會裡撒的謊，還叫屬下偽造文件。曾任職於近畿財務局的一名普通公務員赤木俊夫，口頭禪是「我的客戶是全體日本國民」，當被上司命令修改了文件以後，因良心上受不了而自殺。這個人的頂頭上司就是財務大臣，前首相麻生太郎。

麻生太郎是日本戰後自由派首相吉田茂的外孫，正如安倍晉三是在他之前最長時間主宰永田町的前首相岸信介的外孫。這些大政治人物的傻外孫們，似乎視國家政治為權力遊戲；破壞健全的官僚制度，由他們看來是遊戲上的勝利，一點也不懂對國家國民的損害多麼大。

當安倍晉三發表要退休的時候，高齡八十歲的麻生副總理，馬上聯絡比他還大一歲的幹事長二階俊博等自民黨內的有權老人們，彼此商量決定，下一任總裁、總理該由原內閣官房長官菅義偉擔任，也不用為此舉行黨員投票。愛說「本人出身於常下大雪的秋田縣農村」的菅義偉，吸引自民黨老人們的地方，不外是他在安倍晉三任內做了八年的祕書長。他繼承了首相職位，絕不會做出出賣老闆以及他死黨們的事情。畢竟身為祕書長，安倍做的好事很難不牽涉到他自己。

對如此腐敗的政治現狀，很多年輕人感到噁心而要敬而遠之，當然是可以理解的。但是，腐敗老頭子們則更加理解這個心理機制。所以，前幾年把選舉權的年齡從原本的二十歲下拉到十八歲。結果，如願以償地，十八、九歲少年的投票率在全部年齡層中最低。年輕人不投反對票而棄權，對執政黨而言是好消息。

日本的民主制度是一九四五年在太平洋戰爭失敗以後，占領了日本的美國軍隊所賦予的。據說，當年的戰敗國民胸懷大開，開開心心地接受了原敵人送來的禮物。但畢竟不是自己去追求而得到的獎品，始終不大珍惜，逐年失去了興趣。自從在美國占領下民主憲法公布到現在已過了七十五年，日本的民主主義看來已到了黃昏時刻。

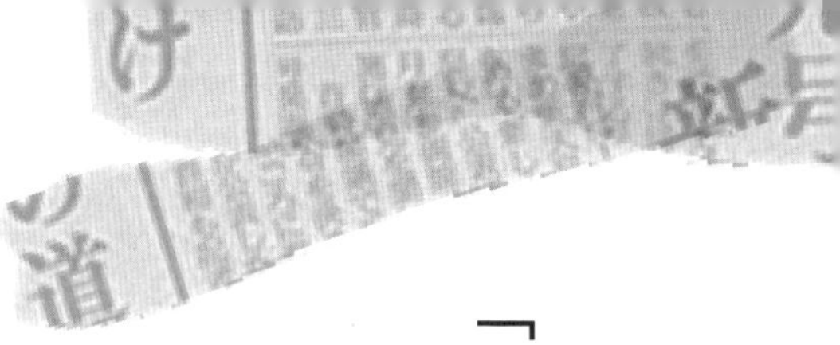

「在日特權」與天賦人權

「在日特權」是現實中並不存在，卻由某些人憑空想像出來的一種妄想。

當我第一次聽到「在日特權」一詞時，所感到的驚訝與不安，至今都不能忘記。因為「在日」和「特權」兩個詞，在以往的日文語境裡，可以說是一百八十度相反的反義詞。怎麼會有人把這兩個詞連在一起用呢？

日文中，「在日」指的是「在（旅）日韓國／朝鮮人」，尤其是自從上世紀初日本合併韓國的時代起，在日本生活下來的韓裔人士和其後代。他們曾受廣泛日本社會的歧視，在居住、生活、就讀、工作等各方面都受到限制，吃盡了苦頭，在銀幕女神吉永小百合一九六二年飾演女主角而贏得藍絲帶賞的影片《有化鐵爐的街》中描寫得很生動。也就是，「在日」社區在日本歷來是弱勢群體，哪裡會有什麼「特權」呢？

我第一次聽到「在日特權」一詞是二〇〇〇年代末的事情。千禧年之後，日本受了韓流電影、連續劇的衝擊，也跟韓國共同舉辦過國際足總世界盃。我還以為，日本人長期以來看不起韓國人的心態已經改變，日韓兩國人民終於可以平起平坐交朋友了。畢竟，東京新大久保車站附近，開了好多商店、餐廳，專門販賣韓國商品如化妝品和時裝雜物，也供應韓國美食；每天從早到晚有數不清的日本女性，不分年齡地要到所謂的「型男」一條街去。

可是，我顯然太樂觀了。日本媒體不久開始紛紛報導：在東京新大久保、大阪鶴橋等韓國人集中的地方，或者在各地的韓國／朝鮮學校附近，出現「在特會」（全名叫做「不允許在日特權市民會」）成員，大聲地進行蔑視韓國人的民族主義宣傳。他們甚至用「殺掉蟑螂」等在文明世界裡絕不被容許的詞彙，使生活在日本的韓國／韓裔人士感到不安。

今天在日本經常聽到的「ヘイトスピーチ」即「仇恨言論」（hate speech）一詞，就是從「在特會」對韓裔人士的歧視言論開始的。他們不僅在街頭上散布仇恨言論，還透過YouTube等網路媒體展開宣傳活動，很快就吸引了許多跟隨者，為了一次實體活動聚集上千個同路人易如反掌。

所謂「在日特權」究竟是什麼？其實不過是前殖民地出身而戰後繼續住在日本的人和其後代，擁有「特別永住者」的資格，比起一般的外國籍永住者，不那麼容易被強制遣返而已。那些「特別永住者」曾經是大日本帝國臣民，然而在日本戰敗後，一律被奪去了日本國籍。同時，他們也因為受儒家思想的深遠影響，非常重視從老祖宗那裡繼承下來的家系，對於主動申請入日本籍而放棄韓國／朝鮮籍，往往有很大的心理障礙。為了讓他們能夠放心在日本生活下去，需要有「特別永住者」制度。

可見「特別永住者」資格根本不是什麼特權。「在日特權」是現實中並不存在，卻由某些人憑空想像出來的一種妄想。然而，日本的國力逐漸衰落以後，受到經濟壓力、感到自卑的部分日本人，不去抗議對此有責任的政府，卻寧願相信陰謀論。已故的安倍晉三首相當權時，執政的自民黨在選舉中採用的口號就是「日本を取り戻す」（把日本找回來）。但到底要從誰的手中找回日本呢？那樣的口號似乎要推動人們去尋找從他們手中盜竊了日本的「犯人」。如此這般的情況下，最容易被指責的就是處於社會中的弱勢群體。

整整一百年以前的一九二三年九月一日，日本發生關東大地震的時候，東京各地開始散播「朝鮮人要在水井裡下毒殺掉日本人」的謠言。結果，相信傳聞的日本人打死了無辜的上千名朝鮮人。「關東大地震朝鮮人虐殺事件」是東京歷史上絕不可忘記的最大汙點。如今

「在特會」向韓國人、韓裔人士大喊仇恨言論，不能不叫人想起那次一百年前發生的事件，令人不寒而慄。

使人擔憂的是，現任東京市長小池百合子，自從二〇一六年起，已經連續六年都違背前任各市長留下的前例，拒絕為關東大地震中的朝鮮人受害者安魂會發表追悼文。也從同一年開始，「在特會」創立人及其他成員，以「日本第一黨」的名義紛紛參與各級選舉，主張排斥外來移民。直到今天，該黨已經有一名候選人在地方選舉中當選後脫離政黨。

我第一次聽到「在日特權」一詞時感到驚訝和不安，因為用它的人在否定天賦人權的概念。但是沒有了天賦人權，我們每個人都活得不安全了。日本在二戰失敗後制定的現行憲法中，源自西方的天賦人權思想很明顯。今天有超過一半的日本人認為，在美國占領下成立的憲法非修改不可。既然法律是人訂的，難免有不足或者不適應新環境的地方。儘管如此，最根本的價值觀應該受到保護吧。例如天賦人權，應該是人類的普世價值才對。

核廢水與謊言的顏色

> 在很多日本人的心目中，枝野算是最誠實的政治人物之一。他說著「即時而嚴重」時，似乎嘴裡咬住了什麼。

記得大學一年級的政治哲學課上，老師頭一天就引用古希臘哲學家亞里斯多德的話說：政治的目的是尋求最好的妥善。我印象至今還很深刻，因為那句話讓我知道，現實社會中，是非不一定很清楚，因此在政治過程中，誠實地尋求最好的妥善才至關重要。

記得二〇一一年三月十一日的大地震以及接著發生的福島核電站事故後，每天早晨打開電視機都能看到執政的民主黨發言人枝野幸男在記者會上說：目前的情況不會給周圍居民的身體健康造成即時而嚴重的傷害。在很多日本人的心目中，枝野算是最誠實的政治人物之一。他說著「即時而嚴重」時，似乎嘴裡咬住了什麼。可能他知道，核電站的輻射在長遠看來，難免造成一定程度的傷害。

據日本媒體報導，事故以後，在福島核電站做事的工人中，至少有十個人因輻射而患上白血病與癌症，其中兩個人死亡。更糟糕的是，事故後馬上展開了「Operation Tomodachi」（朋友作戰）。救助活動的美軍士兵當中，有幾百人後來出現症狀，其中有二十個人死亡。對此，日本前首相小泉純一郎曾建立基金，從日本民間募款三億日圓，以醫療費的名義捐給了三百五十個美軍士兵。

大家都知道輻射之危險。福島又是人類歷史上最嚴重的核電站事故。十二年後的今天，誰都還不知道處理工程到底需要多長時間才能完成。當年的日本政府發言人也許沒有撒謊。那麼，兩年後的二〇一三年，在申請舉辦奧運會的過程中，向全世界宣布說「福島已經在控制中」（under control）的安倍晉三首相呢？

人類普遍具有撒謊的能力。有時候，我們會碰到為了不傷害別人，或者為了減輕傷害的程度，非得撒謊不可的情況。所以英文中有「white lie」（白色謊言）的說法，表示出於好意的謊言。在政治人物中，恐怕沒有從不撒謊的人吧。儘管如此，謊言的顏色到底是白的還是黑的，仍然特別重要。

至於二〇二二年被暗殺的安倍晉三，如何評價他的整體政績雖不容易，但是他重複地在國會撒謊，而且是為保護自己以及配偶的黑色謊言，倒是白紙黑字的事實。他說從來沒有讓自己的支持者廉價買賣國有土地，若有的話，就要馬上辭掉首相和國會議員的職務。他不經思考而說的那句話，迫使官員改寫公文，使得一名老實的下級公務員因受不了良心的譴責而尋短見，導致一名再普通不過的家庭主婦為奪回已故丈夫的名譽而控訴國家。

一塊國有土地的買賣本身，可說是小事。然而，一個國家裡擁有最大權力的首相在國會公然撒謊，不僅對政界，而且對官員組織、公務員機構、大眾媒體，甚至整體社會的負面影響實在大得可怕，可能會輕易毀掉得來不易的民主制度。這是全體日本人在過去的十一年間親眼目擊的悲慘事實。

現在該如何看福島核電站開始排放核廢水——也就是日本政府所說的「處理水」——是無法跟過去十一年裡發生的種種事情分開來談的。當初我相信了枝野發言人說的話，現在我也認為核廢水大概不會造成「即時而嚴重的傷害」。但是根據過去十一年來的所見所聞，在日本官方說的話裡，大概不可能沒有謊言的成分，而且那謊言的顏色是比較接近黑色的。

奇怪的是，日本政府決定排放核廢水後，中國民眾的反應比日本當地居民強烈很多。而中國來的瘋狂反應導致日本大小媒體的反感對象，從日本政府轉移到中國政府和民眾去了。好比人家來欺負自己的母親，孩子們馬上忘記對母親的怨恨，要共同去對付敵人似的。

可憐的是被本國政府出賣的福島漁民。他們花十年以上時間慢慢找回來的客戶，現在又一下子消失了。日本大眾媒體稱之為「風評被害」，而迴避以科學、客觀的態度去談核廢水到底安全不安全、日本政府的外交努力做得足夠不足夠。根據無國界記者組織，過去十一年裡，日本的言論自由度直線下降，去年已下降到第七十一名，在肯亞和海地之下。這可悲的現狀跟政治人物的態度、行為有直接的關係。簡單而言，誰也說不過不怕撒謊的當權者的。

可憐的也不僅是漁民。核廢水排放以後，我去鮮魚店看看時，什麼鮪魚啊、鮭魚啊，價錢都比一個星期前便宜很多了。但是顧客並沒有因此而增多。過去一段時間，對抗疫情、日元貶值、成本提高的壓力，好不容易撐下來的食品商、餐廳，如今又面對了更大的問題。很多日本人覺得前景不佳，不僅在經濟上，而且在國際政治上。這樣的時候，謊言的蔓延令人感到更加心寒。

大和魂的反智主義

一九八〇年代以後，在新自由主義經濟蔓延西方先進國家，同時放棄了啟蒙主義的後現代社會裡，反智主義可說是全球性的，而且是必然的。

二〇一五年日本公共電視台NHK的大河劇，即該台投入最多資本的歷史連續劇，叫做《花燃・維新群雄養成塾》，以明治維新前夕的思想家吉田松陰的妹妹為主人翁。吉田松陰二十九歲時牽涉到謀反案件而被處死。他在位於長州（現山口縣）的小小家塾「松下村塾」教育出來的學生如伊藤博文、山縣有朋等，在之後的明治政府裡個個都很活躍，讓早逝的老師其名聲永傳後世。吉田松陰留下的名言裡，至今最為膾炙人口的，乃他偷渡美國失敗而坐牢時所說的一句話：「如此做，雖知定失敗，情非得已大和魂哉」。筆者每次聽到這句話，心中不禁生起不安，因為它似乎代表日本文化中根深蒂固的不合理傾向。

句子中的「大和魂」指的是日本精神。而關於它，比松陰早一百年出生的著名國學家本居宣長亦有一首和歌至今仍膾炙人口：「古老大和魂究竟為何物？朝日照耀的山櫻花也」。雖然有感覺，可還是跟合理化思考沾不上邊，叫我更有理由為日本的命運擔憂。說實在的，拿松陰或宣長的話語來跟中文俗語如「好漢不吃眼前虧」「好馬不吃回頭草」相比，哪個更合理現實再明顯不過了。

當安倍晉三，也就是吉田松陰的同鄉後代，二〇一二年底第二次上台以後，政府採取的種種政策以及包括他自己在內的眾官員之言行，使許多日本知識分子擔心：是否國家又要回到不合理言論氾濫的時代去了？一九四五年以後的日本，和軍國主義有關的傳統思想一度被全盤否定，幾乎整個社會都倒向西方自由主義和民主主義思想。即使被視為右派的前首相如中曾根康弘，都至少對戰爭的罪惡有深刻的認知，因而不敢公然否定自由民主的原則。然而千禧年後，小泉純一郎讓中曾根等老一輩的強制退休，結果後來的閣員都屬於戰後長大的一代了。他們對日本過去的戰爭沒有來自親身經驗的反省，加上個個都是第二代、第三代的世襲政治人物，對於被外國人批評軍國主義的罪行，就好像人家罵了自己的爺爺一般情緒化。同樣令人擔心的是，出版業不景氣下的日本媒體，內容配合雷同的傾向越來越明顯；有以市場需求為藉口而跟風甚至煽動之嫌。

面對如此的世情，最近在日本論壇上，紛紛出現關於「反知性主義」即反智主義的言論。反智主義一詞本來指美國一九五〇年代麥卡錫主義下的紅色恐慌，美國歷史學家理察·霍夫士達特一九六三年就問世了學術專書《美國的反智傳統》。很多人覺得日本當下的情形也似乎稱得上反智主義了。

由日本最有影響力的思想家之一內田樹編纂，二〇一五年三月出版的《日本的反知性主義》一書裡，政治思想史家白井聰指出：一九八〇年代以後，在新自由主義經濟蔓延西方先進國家，同時放棄了啟蒙主義的後現代社會裡，反智主義可說是全球性的，而且是必然的。他也說，大和國粹反智主義，如今已走在時代的前面了。

一九七七年出生的白井聰，二〇一三年以《永續戰敗論：戰後日本的核心》一書打出了名氣。這回發表的〈反知性主義，其世界性語境和在日本的特徵〉共三萬五千字亦頗有看頭。文中他揭露，小泉純一郎在二〇〇五年的大選中，透過廣告公司做政治市場調查，結果發現選民多數屬於「支持經濟結構改革，智商程度偏低」的族群。他的接班人安倍晉三故意迎合並煽動那所謂的「B級」群眾，果然是有根有據的。

再見，真子內親王

> 整個社會，包括皇室和政府，都沒有可靠、讓人安心的父親般的存在，偏偏只有死守規矩的老臣們。

日本德仁天皇的姪女秋篠宮真子內親王要跟大學同學結婚，並雙雙去新郎工作的美國紐約生活。婚姻本來應該是喜事，尤其是皇族的。然而，這次真子內親王的婚事，走了一條曲折的路。她父親秋篠宮文仁親王以及日本輿論都不贊成內親王的決定，所以她只好放棄一切關於結婚的儀式，也放棄法律上該領取的一億多日圓嫁妝。單單提交婚姻申請書、匆匆召開記者會後離開宮廷出國，簡直像私奔加上政治避難。

這次有關真子內親王結婚的糾紛，有可能成為日本皇室滅亡的開始。

其實，問題開始於一九四五年日本在太平洋戰爭中的失敗。以美國為主的戰勝國，一方面舉辦東京審判處死了開戰時的首相東條英機等七名甲級戰犯，另一方面為日本社會的穩定著想，保持了天皇制。只是，皇族規模縮小到只留下大正天皇即裕仁天皇父親的直系子孫。至於之前構成貴族階級的皇家親戚則一夜之間變為平民。同時，有關皇位繼承的重男輕女老規矩偏偏留了下來：天皇地位只能由男性皇族繼承，女親王則一旦結婚就得離開皇室。

結果，目前日本皇室總共才十八個成員：已退休的上皇、上皇后；天皇德仁、雅子妃、愛子內親王；上皇次男秋篠宮文仁親王、紀子妃、真子內親王、佳子內親王、悠仁親王；上皇弟弟常陸宮正仁親王、華子妃；上皇的叔母三笠宮百合子妃，以及她三位已故兒子的妻子和女兒共五人。其中，今後有資格繼承天皇地位的男性皇族只有三位，包括今年八十五歲的常陸宮正仁親王。在不久的將來，秋篠宮文仁、悠仁父子要按順序擔任天皇了。

為免天皇制自然消失掉，日本政府過去二十多年幾次組織了特別工作組。有人提出過，應該取消關於天皇性別的規定，允許女天皇出現，也讓各位內親王婚後仍留在皇室裡，教她們的下一代也能擔任天皇。然而，自民黨內的保守派卻死守著由直系男子繼承天皇制的老規矩。這次被選為總裁的岸田文雄以及政調會長高市早苗都屬於這一派。

大家反對真子內親王跟大學同學小室圭結婚，主要因為他母親跟前未婚夫之間有金錢糾紛。據報導，小室圭還小時，父親就尋短見離開了母子倆。收入有限的寡婦為負擔寶貝兒子上國際學校的學費和大學時期的留學費，向未婚夫借錢後分手。當小室圭要跟真子內親王結婚的新聞傳開之後，那位前未婚夫透過媒體要求小室母子還他四百萬日圓的欠款。

這則金錢糾紛叫很多日本人目瞪口呆。畢竟，四百萬日圓並不是很多錢，按照社會常識，此類醜聞一暴露出來就得匆匆去處理的。然而，小室母子一貫主張那四百萬是人家送的、不是借的，所以沒理由還。

一樣令人不解的是，真子內親王的父親秋篠宮以及宮內廳的官員們，為何召開訂婚記者會以前沒有查清楚對方的背景？在現今的制度下，內親王結婚的對象只能是平民。她們上大學跟同學交友、談戀愛都是完全自然的。然而，全日本無比大的天皇家族，把千金嫁出去之前，當然得仔細研究對方的身世了。

明仁天皇下台，德仁天皇上台，日本進入令和年代已經第三年了。其中一年半以上，日本社會得面對疫情，也在極其複雜的狀況下主辦了奧運和帕運。令人寂寞的是，在這段時間裡，德仁天皇夫婦幾乎沒有出面向國民表達過慰問、鼓勵之意。大家都知道德仁天皇的夫人雅子妃患有適應障礙症多年。愛子內親王則在學校曾遭受霸凌，德仁天皇的處境恐怕很不容易吧。可是，作為天皇，他的存在感就是不足夠。

也許就因為如此，目前的日本好比是沒有父親的父權制一樣。整個社會，包括皇室和政府，都沒有可靠、讓人安心的父親般的存在，偏偏只有死守規矩的老臣們。宮內廳召開記者會說，真子內親王因為婚事成了眾矢之的，結果被診斷有複雜性創傷後壓力症候群。

在日本皇室，患上心病的都是女性。上皇后曾患過失語症，雅子妃的適應障礙症多年不治，這次連真子內親王都患病以後，才被允許跟所愛的人結婚。有關金錢糾紛的報導延燒之後，小室圭單獨去紐約念法學考律師，過去三年半真子內親王都只在網路上跟戀人交談。這回等小室圭的防疫隔離結束後，要馬上辦結婚手續。成為平民的小室真子，即將去人生地不熟的紐約，而本來可以有的一筆嫁妝也沒有拿到。

對於真子內親王，我衷心祝她婚姻美滿。不過還在皇室的幾個內親王呢？她們從來沒有選擇進皇室。唯一離開宮廷的路是婚姻。但是，看到這次真子內親王遭到的全方位攻擊，她們對結婚還能抱持希望嗎？

地震與天皇

即使天皇的祈禱不能防止地震發生，安慰災民該在其能力之內。

剛剛跨入二〇二四年的第一天，日本就發生了能登半島大地震。這是自二〇一一年三月十一日的東日本大地震以後，國內最大的自然災害。靠日本海的能登半島，在過去兩年內已發生兩次較大的地震。當第三次也是最大的地震發生的時候，原本就勉強才能住的木造房子一下子全崩潰不在話下，連鋼筋水泥蓋的大樓都到處塌下來。果然，地層被大震動又重複地搖晃之際，站在上面的樓房就算有多強大的耐震措施也起不了作用。災區復興所需要的，遠不止於重建房屋，非得從正視極為脆弱的國土開始不可。

一月一日對日本而言歷來是一年裡最重要的日子。地震發生的下午四點多，又是平時住外地的家人親戚會回來團聚的晚餐開始之前，家家廚房都有人正忙於做菜烤年糕的時段。那喜氣洋洋的時空忽然間被殘酷地打斷。有一、兩個小時，日本全國的電視機都播出主播拚命大喊的聲音：「請快逃跑！往儘量高的地方跑！要回想起東日本大地震時候的海嘯！現在就要馬上跑！」可說，離跨年才不過十六個小時，節慶氣氛就從日本諸島消失得乾乾淨淨。

不幸中算幸運的是這次海嘯帶來的災害沒有三一一那麼大。然而，塌下來的許多房子裡不知有多少人被活埋。倖存的人們應該很難接受一下子失去那麼多的親朋好友、鄰居老鄉。再說，離震源不遠的沿海地區有幾座核電站，有的還在運轉中，難道三一一的惡夢要重現了？日本政府和選民，為什麼如此優柔寡斷、如此無能？大家有後背流冷汗的感覺。

地震當天，研究日本思想史，有《昭和天皇》《大正天皇》等著作的原武史就在推特上指出：三一一發生的時候，明仁天皇就在五天後發布了約六分鐘的影片來安慰災民，並且不久就開始帶皇后頻頻訪問災區。他說，現任天皇夫婦要如何對待這次的災害，值得關注。因為今日天皇作為「國民統合的象徵」（日本國憲法）存在的理由，無非是為廣大國民提供精神寄託，尤其當嚴重的自然災害發生之際。另外也有人在社群網路上寫：正月元日發生如此大的災難實在不吉利，是否需要改元去調整國家的運氣？

第二天，本來計畫在東京皇居舉行上下午共五次的「一般參賀」，也就是民眾進宮朝賀，拜見皇室成員的活動全部取消了。今年的活動本該是新冠疫情之後首次恢復參賀，然而根據報導，天皇夫婦考慮到能登半島的災情，認為不適合這樣做。但是並沒有天皇親自發出的講話或宣告傳出。

不料到一月二日傍晚，當大家都還在關注NHK電視台有關能登半島大地震的報導時，設於東京羽田機場的一台攝影機無意中拍到一架日航飛機在跑道上著火的場面。究竟發生了什麼事？一時電視台主播都完全不知道是怎麼回事。半個鐘頭以後才整理出來的情況是：載著三百多名旅客，從北海道出發的班機著陸於羽田機場的時候，撞上了日本海上保安廳的一架飛機。幸虧日航乘務員的判斷行動夠敏捷，在十八分鐘內，全部旅客與工作人員都順利離開飛機成功逃難了。然而海上保安廳方面，除了駕駛員以外，五名乘務員都喪命。那架小飛機，原來是要載救災用品飛向能登半島的。

原武史又馬上發文說：按照傳統，天皇該新年裡在皇居舉行「四方拜」儀式的，意在祈禱一年裡都平安無事。這個時候接連發生大災難，不能不令人想起，大正十二年（一九二三）關東大地震發生時，當時貞明皇后所說的「天的諫諍」一句話。說實在，儘管大多數日本人沒有詳細的歷史知識，但「天的諫諍」相信就是很多人在心中感覺到的疑惑，雖然原武史的推文引起了「網右」的辱罵（由他們看來，責備皇室就是「不敬」）。不過，真正的問題是，正在遭難的是幾萬無辜的平民。

現代人習慣於科學思考。同時，當代世界裡有宗教信仰的人還占多數。可見，信仰並沒有失去意義。日本歷史上，天皇的地位隨著時代而變化。從一八六八年明治維新到一九四五年日本戰敗，天皇曾是日本元首身兼軍隊統帥。之後的昭和、平成天皇和目前的德仁天皇，都需要在新的時代環境裡，在法律定義之內，積極尋找並塑造自己以及全體皇室的角色。

即使天皇的祈禱不能防止地震發生，安慰災民該在其能力之內。五年前天皇登基的時候，他自己立誓說過「身在人們旁邊，傾聽其聲音，為的是體貼他們」。不同於民選領袖，日本天皇沒有政治權力。國民所期待的精神寄託，其實不過是即時來的慰問而已。

彼此的八年

> 權力使人腐化，絕對的權力使人絕對腐化。那是我在大學念政治學時，每個老師都告訴我們的。

人越老，時間過得越快。從前上小學的六年，感覺跟永遠差不多。最近，六年、七年都在轉眼之間過去。八年當然也過得很快。

李登輝總統去世，看他老人家的年表：一九八八年蔣經國逝世，按規定以副總統繼任為總統，一九九六年經過史上第一次的總統直選，成為史上第一個民選總統。這中間只有八年，而在那八年間，台灣竟從一個威權體制翻身為民主制度，那是多麼偉大的成就。

我對那個「八年」很有感觸，因為自從安倍晉三第二次上台，現在正是第八年，而在這個

「八年」裡，日本不僅沒有政治上的成就，而且在公民社會的各方面，簡直發生了大崩塌。

對這次疫情，日本政府以及民間無能為力的程度，我估計，對台灣很多人來說已到了不可置信的地步了吧。記得一月厚生省（相當於衛福部）官員走進鑽石公主號遊輪的時候，只戴著口罩，沒戴手套，更不用說防護衣等專業裝備，在走道地毯上跪坐，跟同事們開起會來了。住在港台地區的日僑朋友們，紛紛分享那張圖片，是為了提醒國內同胞：那些人警戒程度根本不夠高呀！

但是，日本國內的反應極慢。慢到叫人懷疑：是否在日本官員體制裡，以及在媒體行業裡，沒有人專門看台灣、香港的新聞報導？中國封閉新聞，歐美人當初以為新冠肺炎是亞洲人的問題。但是，日本處於亞洲，隔著一衣帶水，對岸是中國大陸。難道近代早期的「脫亞入歐」政策，真的把人家腦海中的日本群島拉到大西洋某處去了？

當初是幾個月後要開辦奧運會，也要邀請中國元首習近平來日本的。都取消了以後，日本的中央和地方才忽然發出緊急事態宣言，突然通知各級學校停課，也向企業界以及餐飲業呼籲「自行休業」。

「自行休業」的意思是公家不發賠償金。當豈有此理的輿論沸騰起來以後，才提出一個家庭三十萬日圓的補貼方案。但是，一個家庭裡可能只有一個人，也可能有好幾個成員，一律補貼同樣金額就太不公平了吧。於是輿論又沸騰起來，才把原先的「一個家庭三十萬日圓」改為「一個人十萬日圓」，但是把一整個家庭的補助都匯入「世帶主」的銀行戶頭。

日本至今仍有出生時和結婚時註冊的「戶籍簿」，也有搬進新住處時註冊的「住民登錄」。前者有「筆頭者」（指戶籍首欄的顯示人）和家屬之別；後者則有「世帶主」（指戶主）和家屬之別。近幾十年，因為「戶籍」裡的記載，尤其是出生地，公開出來後有可能引起社會上的歧視，於是越來越少用戶籍謄本來辦公家手續了。可是在「住民登錄」中的「世帶主」和非「世帶主」之間，明顯有差別待遇。例如，多數機關企業專門給「世帶主」按月發「家庭津貼」。這次一人十萬日圓的補助費，在某些家庭可能給大男人霸占，至於女人小孩不一定能蒙受政府的恩惠。

一個家庭三十萬日圓也好，一個人十萬日圓也好，趕緊發放，儘快收到才有用。反正，依那麼一點錢，誰能維生好幾個月？所以，速度很重要。但是在日本，地方機關的業務還大多都沒搬上網路。為了申請一點錢，仍需要填表、蓋印、實地領取，叫人害怕在擁擠的公共空間裡感染到病毒。

後來被人揭露的是，中央一級發放的針對企業的補助金，具體事務幾乎全由電通公司承辦，而電通又委託給自己的子公司去承辦。結果，每一筆日本政府付給民間的錢，電通都是從中先抽取百分之幾的費用。老百姓都想不通為什麼會是這樣？但是，接受媒體訪問的有關人員，都露出「你們少見多怪」的表情，回答說：這並不是第一次，已經很長時間都是這樣辦事的。

權力使人腐化，絕對的權力使人絕對腐化。那是我在大學念政治學時，每個老師都告訴我們的。日本在這八年時間裡，老舊落後的制度如「戶籍」「住民登錄」都沒有改善，因為安倍支持者以極右、封建聞名，連婚後讓女性選擇用原姓的法案都無法在國會通過。本來是優秀的官員們卻太習慣看老闆的臉色辦事情了。結果什麼業務都要交給老闆朋友的企業去承辦。例如，文部科學省和Benesse公司，經濟產業省和電通的勾結，都明顯到不算新聞的地步了。

日本是民主國家。雖然不是元首直選，但每一個國會議員都受過選舉洗禮。儘管如此，不將制度中的每一環好好維修，腐敗就會來得太容易也非常快。腐朽的政體面對新冠疫情般的大考驗，每一個考題都考不過。但願下一個八年裡，日本政界以及全體社會能多少起死回生過來。

愛憐憫失敗者的日本人

憐憫失敗者並不能自動讓自己成為勝利者，尤其當那個失敗者擁有國家大權的時候！

安倍晉三因病請辭。他上一次做首相時也沒做完任期就請辭，結果被罵說把工作丟棄了。後來有報導說他其實有病，是潰瘍性大腸炎，肚子疼得無法挺直身體工作。所以，當他回來再選自民黨總裁的時候，很多人都說那個潰瘍性大腸炎怎麼了？這次他開記者會宣布請辭之前，兩次讓電視台拍到坐車進慶應大學醫院的鏡頭。所以，很多媒體事先報導：恐怕安倍首相快要第二次請辭了。

在記者會上，他把病情談得相當仔細，也向國民道歉，沒能把工作做完先退下。結果呢，上週才降到百分之三十六的支持率，過一夜就反彈到百分之五十六了。這就是日本人的遺傳毛病又發作：愛憐憫失敗者。日文還有個專門用語：「判官贔屓」（ほうがんびいき），源自對鎌倉時代被哥哥源賴朝追殺的源義經之同情。

安倍老毛病再發作應該屬實。生病負重責太辛苦也可以理解。但他並不是運動員也不是藝人，而是政治人物，是日本首相，也就是全世界第三大經濟體的統帥。不是醫生的普通國民也都能夠猜到，近半年的疫情以及明年的奧運帕運給他帶來了很大的壓力，導致老毛病再發作。或者說，疫情不容易控制住，舉辦奧運帕運恐怕很難，能預見未來一年裡首相職務帶來的壓力比起過去半年，應該有過之而無不及。所以，事先請辭符合情理。

我真不懂，這樣的邏輯究竟是從哪裡來的？每天看報看電視新聞的日本人都知道：安倍政府對付疫情的成績很差，叫大多國民居民活得非常沒有安全感。再說，過去幾年他做了違反民主制度的事情太多了。

例如，他一個電視記者朋友性侵年輕的女性同行，但沒有被起訴，是由首相一個檢察官朋友幫忙解圍的。又例如大阪有私立學校老闆夫妻要創辦「安倍晉三紀念小學」成功獲得了安倍夫人的支持，破例地廉價買到當地的國有地皮；負責具體事務的正派公務員受不了內疚尋短見，目前他太太打官司要上級出來解釋到底是怎麼回事。還有，例如廣島縣姓河合的國會議員妻子，也出馬參選參議員，過程中有自民黨中央匯出去的一億五千萬日圓，由該對夫婦親手塞進近一百個地方政治人物的口袋手包裡。收到的人都承認有此事，有個政客還剃光頭謝罪。河合夫妻被逮捕上法庭時說：塞是塞錢了，但並沒有拜託買票。據報導，他們把地方政客一個一個地拉到洗手間去，當拿出鈔票時耳語道：「是安倍首相給的，收著吧。」

這一件一件叫國民覺得水準太低理都不想理的事情，都是在安倍當權時發生的。最初，大家擔心的是他的右翼政見，會不會在任期內強行全民投票，把限制日本擁有軍事力量的憲法第九條改掉。然而第二次上台以後越來越明顯的是，他其實對政治沒有熱情；喜歡跟夫人雙雙出國去見各國首腦，卻沒有談出什麼結果來。尤其跟俄羅斯的普丁見面的次數很多，有一次甚至把他請到山口縣老家去要好好地招待，可是普丁一點都不領情，還遲到了好幾個鐘頭，對安倍一直提出的北方領土問題，完全沒有任何妥協。

於是在日本民眾之間，很多人說安倍只是在刷存在感，在裝忙碌而已。有這種人在最上面，日本社會上很多需要去改進的事情，都給耽誤了好幾年，例如各級機關以及小學中學的電子化。面對疫情，安倍任命的指揮官竟是經濟再生擔當大臣。也就是說，由安倍看來，疫情首先就是經濟問題。果然，經濟再生擔當大臣肆意解散了原有的感染症專家會議，也沒有事先通知當事人。當專家代表正在開記者會之際，有記者提醒說：你們的任務被取消了，還不知道嗎？

這種荒謬的事情，過去在自民黨政權下也沒有發生過，然而在安倍政權下一再發生，為什麼？只能說是他對政治沒有興趣。那他為什麼偏偏要做政治人物呢？

第二次請辭的前幾天，他剛剛刷新了首相在職最長時間的紀錄。直到那天，他的外叔公佐藤榮作以在職兩千七百九十八天為首相紀錄保持人。安倍的外公岸信介也做了一千兩百四十一天的首相。日本政權簡直像是他們的家業吧？他就是把政治當家業，喜歡坐在跟長輩們一樣的位子而已，對民生問題、國家大事本來就沒有真正的興趣。

所以，到了下台時刻，他甚至沒有回顧並總結自己的政績，反而談自己的身體狀況談得異常詳細，充分表現出自戀的傾向來。叫這樣一個人做了八年多的首相，該說是日本選民的恥辱。所以，當下根本不是耽溺於「判官贔屓」的時候了。憐憫失敗者並不能自動讓自己成為勝利者，尤其當那個失敗者擁有國家大權的時候！

妖怪的孫子

> 人們稱岸信介為「昭和の妖怪」，因為他是打不死的。不僅逃過戰犯絞刑，而且出獄後直接復歸權力中心。

二〇二三年三月上映的日本紀錄片《妖怪的孫子》，過了一年多以後，補充了一些新內容，下個月又要在全國各地的戲院重新登上銀幕了。這在言論自由指數越來越低的日本算是難得的成績。畢竟，這是一部勇敢揭發近年政壇黑暗面的影片。

片名《妖怪的孫子》指的是誰，大概只有年紀大些的日本人才能猜到。不過看了看海報上的漫畫肖像，影片中的主人翁明顯是兩年前被槍殺的前首相安倍晉三其人。他之所以被稱為「妖怪的孫子」，是因為他的外公，即日本昭和時代的著名政治人物岸信介曾有「昭和の妖怪」的外號。

一八九六年出生的岸信介，東京帝國大學畢業後任事務官，一九三七年赴「滿洲國」負責經濟政策，回日本就當上了東條英機內閣的商工大臣（部長）。東條英機不久之後就向英美發動太平洋戰爭。一九四五年日本戰敗後，岸信介以甲級戰犯嫌疑遭同盟軍逮捕。然而經過東京審判，東條等七名甲級戰犯被處刑的第二天，岸信介跟其他十多人一起被釋放，從此畢生都對美國忠誠。當年日本還在盟軍占領之下，出獄後的岸信介一度被禁止做公務（公職追放）。沒多久中國成立共產黨政權，美國的遠東政策變成以反共為主。一九五二年日本跟西方同盟國簽訂舊金山和約，岸信介便恢復一切自由。

人們稱岸信介為「昭和の妖怪」，因為他是打不死的。不僅逃過戰犯絞刑，而且出獄後直接復歸權力中心。一九五五年自由民主黨成立，岸信介就當上幹事長，第二年更翻身為外務大臣。政治評論家保阪正康根據研究表示：當時的首相石橋湛山把內閣名單交給天皇看，裕仁天皇曾說，「怎能讓岸信介當外相？他對戰爭有責任。我認為他的責任甚至比東條的還要大。」儘管如此，兩個月以後，石橋病倒，岸信介繼承首相職位，也繼續兼任外務大臣。

一九六〇年，日美安保條約到了續簽的時刻，要維護和平的日本民眾上街抗議岸信介跟美國私下勾結，要把日本再拉進戰火中去。然而，作為親美右翼政治人物，他不僅續簽安保條約，還要修改宣明放棄武力的日本國憲法第九條。政壇上和社會上都發生大混亂，導致東京大學一名女學生在跟警察的衝突中喪命，岸信介也因此引咎辭職。

當時，安倍晉三年僅六歲，住在東京澀谷的岸信介家，跟外公外婆一起生活。那是因為他父親安倍晉太郎在次男晉三四歲的時候，以故鄉山口縣代表的身分參加選舉，成了國會議員。晉太郎擔任岳父岸信介的祕書，在東京、山口兩地之間奔波，晉三的母親則一個人留在山口，經營選區事宜。

在紀錄片《妖怪的孫子》中，長期私下訪問安倍晉三而跟他熟悉的新聞記者說，他小時候沒能得到母愛，長大後對母親有一種深刻的情結。安倍一直想做出大事，讓母親對他刮目相看。但她是岸信介的女兒，丈夫也是後來做外相的國會議員，從小功課不好的次男晉三，在母親眼裡什麼都不是。安倍深信：只要做出連外公都沒能做的大事業，母親才有可能承認他的價值。

從二〇〇六年到二〇〇七年、從二〇一二年到二〇二〇年，安倍晉三當了將近九年的日本首相。對於他的政績，相信未來的史書一定會仔細地記述。我們則可以先看看《妖怪的孫子》。

日本國會議員中，從父輩或祖父輩世襲繼承職位的政治家占多數。安倍晉三不僅有做議員的父親和外公，而且爺爺安倍寬、弟弟岸信夫、姪子岸信千世也都是國會議員。外公岸信介的弟弟佐藤榮作從一九六四年到一九七二年都是首相，七四年更獲得了諾貝爾和平獎。

他們一家是江戶時代末期的長州藩（現山口縣）出身，是打倒德川幕府、擁戴明治天皇建立近代日本的武士後代。也就是說，在一八八九年發布的大日本帝國憲法下，他們的祖父、曾祖父曾擁有很大的政治權力，然而在太平洋戰爭中被同盟軍打下來。在他們眼中，一九四六年公布的日本國憲法是在同盟軍占領下被美國強制訂定的。其中的普世價值如自由、人權、平等，對他們來說都是垃圾。要修改憲法的意義，主要在於報仇。

說那是私仇也罷，說私利也罷，總之顧不到廣大日本國民的利益。現任首相岸田文雄正要從自民黨把屬於原安倍派的一批政治家踢出去，估計是至今在日本各地拓展基地，並且享有治外法權的駐日美軍方面示意的。美軍代表和日本官員定期溝通的「日美合同委員會」（Japan-US Joint Committee），則是一九六〇年岸信介續簽安保條約時成立的。

第二次世界大戰以後長大的我這一代日本人曾相信：日本憲法即使是美國製造的，好歹給我們帶來了民主制度。但經過「昭和の妖怪」岸信介孫子掌權的這些年，今天的日本似乎已變成另一個國家了。

日本人考慮逃難的原因

一個國家的貨幣貶值，國民首先注意到的現象是海外旅行太貴了，外國變得很遙遠，送孩子出國留學變得很困難。這簡直像是回到了半世紀前似的。

台灣編輯說：邊境一開放，許多台灣人就要直奔日本旅遊，還有不少人要買地產。除了日圓匯率，也有逃難的考量。但我這個日本人聽了，心中感覺滿複雜，因為目前有不少日本人恨不得逃難到國外去，或者想至少把自己的資產送到更安全的地方去避難。

部分日本人要逃難的原因，主要是日圓貶值得太厲害。跟今年初比較，相對於美元就貶了百分之三十。再說，這情況很有可能日後持續惡化。日圓會長期貶值的原因，一來有人口減少與高齡化導致的國力低落；二來有財政赤字大到已無法控制；三來在安倍長期政權下，政府發行的國債太多。央行若提高利率，日本政府不能支付利息，於是不可提高利率來撐持自己國家貨幣的價值。總的來說，日圓貶值問題只有死路一條。

一個國家的貨幣貶值，國民首先注意到的現象是海外旅行太貴了，外國變得很遙遠，送孩子出國留學變得很困難。這簡直像是回到了半世紀前似的。那麼留在日本不出國就沒事嗎？哪有這麼回事，還是逃不了影響的。最近去超市，東西幾乎樣樣都漲價。從國外進口的舶來貨比去年貴了四、五成：上次還賣一塊四百九十九日圓的丹麥芝士，這次是六百九十九日圓，漲了整整四成。鮮魚海鮮的價格，恐怕也受原油漲價、地球暖化的影響，比去年貴了一倍：曾經一千日圓的刺身，現在要兩千日圓。報紙上報導：今年聖誕節，圓形蛋糕的價錢提高，上面擺的草莓恐怕要少幾粒了。

即使當下的經濟困難多大，只要政府有能力有辦法，國民也許會期待大難不死必有後福。然而，自從前首相安倍晉三遭謀殺以後，暴露出來的政治醜聞，叫全體日本國民目瞪口呆，對政府徹底失去希望。刺殺安倍的兇手是邪教團體統一教信徒的第二代，母親被教會洗腦，把家裡的財產全捐出去。父親早死，哥哥自殺，走投無路的次男看到安倍在統一教活動上致詞的錄影，就決定要滅亡他。

日本媒體之前根本沒報導過安倍和邪教的關係。原來，不僅他本人，而且在自民黨國會議員當中，跟統一教關係密切的政治人物為數相當多。當中不少又是第二代第三代的世襲政治人物。他們把議席視為祖宗留下來的家產，選舉中取得勝利無比重要，於是只要有利於當選，跟什麼勢力都願意合作的。安倍家跟統一教的關係，竟可追溯到他外公岸信介執政的時代：統一教最初設立的日本支部就蓋在岸家的院子裡。

統一教的信徒們經過徹底洗腦，什麼樣的命令都會服從。果然，過去幾十年，為自民黨候選人當義工的、拉票的，願意出錢出力的，很多就是被教會派出去的信徒。可是，世上沒有免費的午餐，獲利的政客們都被要求在教會提出的政策單上簽名，承諾為實現統一教追求的政治理想而努力。這回，很多日本人包括我自己才忽然明白，為什麼在安倍當首相的八年半時間裡，自民黨推出的政策越來越保守。

跟全世界走向多元化的潮流正相反，進入二十一世紀後的日本政府非得擁護傳統家庭、傳統男女角色不可；於是反對夫婦別姓、壓制女性主義、更絕不容忍同婚平權。安倍政府甚至激烈反對在公共場合使用「性別」（gender）一詞，因為那是「危險的左膠」才用的，以消滅兩性特徵為目的的詞彙。著名女性主義學者上野千鶴子的演講會因此被杯葛過。

我曾經想不通，安倍個人不是那麼聰明，看起來也沒有明確的政治思想，而他太太又是個傾向於嬉皮文化的人。他那麼堅決地反對多元化，到底有什麼原因？現在才曉得，那些政策就是跟統一教在檯面下交易的結果。

自民黨推動的超保守政策，對小中學教育的影響也不小。如今的日本小朋友甚至年輕人都不知道天賦人權、兩性平等是怎麼回事，也不懂民主主義的重要性。結果，前幾天舉行的東京都新宿區區長選舉，投票率低到只有百分之二十八。那是學校裡不准教政治課題的直接結果。

安倍政權推行的日本愚民化政策成功。日圓貶值，物價提高到恐怕不少家庭今年買不起聖誕蛋糕的地步，卻聽不到批判政府的聲音。反之要把上街表現出不滿的法國人稱為暴民，見識實在低得可憐。可見日本民眾沒有公民意識，政治人物沒有對廣大國民的責任感。日圓直線貶值的當下，甚至有金融專家預測：目前一美元換一百四十塊的日圓，貶到四、五百塊一點也不奇怪。到了那個時候，要面對倒閉危機的不僅有大銀行，連日本央行都包括在內。在如此荒唐的情況下，私下考慮要逃難到哪裡好，該一點都不難理解吧。

盛世已過

> 日本長期通貨緊縮政策之下，物價沒有漲，薪水也沒有漲，好比日本人集體活在時間膠囊裡似的。

今年四、五月的黃金週，日本媒體紛紛報導來日本觀光的外國人暴增，不僅東京、京都等遊客必訪的城市，而且其他很多地方包括郊區的鎌倉等，也到處都是外國人，其擁擠程度可跟北京八達嶺長城相比。對於訪日觀光的外國遊客，最近幾年日本媒體常以源自旅遊業的英語專詞「inbound」稱之。從遠處越洋而來的inbound旅客，輕鬆快樂地消費當地日本人大多不能付出的昂貴價格，住五星級飯店啦、坐直升機從上空觀光啦、大口吃海鮮丼啦。在疫情之前似乎只有來自中國的爆買客，現在可不同了，除了美洲人、歐洲人、中韓港台人士以外，還有泰國、馬來西亞、印尼等等全世界來的遊客。

說來也不奇怪，根據英國郵政局發表的旅遊費用排名，在全世界四十個旅遊點當中，東京僅次於越南會安、南非開普敦、肯亞蒙巴薩，為全球低成本旅遊點的第四名，竟比去印度、馬來西亞、牙買加等地還要便宜。

記得二〇一〇年左右，東京還曾是世界上最貴的地方之一。當年有些外國遊客到了曾經昂貴的日本，會在便利商店隨便買吃的喝的，或者光顧吉野家牛肉飯、立食蕎麥等日式快餐店解決伙食。不像現在，被電視台記者訪問的外國遊客異口同聲地說：到了日本，吃什麼東西都便宜到不敢相信的地步。為了強調彼此的差距，日本記者也訪問到了觀光區怕貴而不敢進餐館，只好在便利商店買飯糰填肚子的日本人。結果，大家都搖搖頭表示：不能理解外國人為什麼個個都那麼有錢？如今一般日本人的感受是：日圓貶值了，去國外旅行高不可攀，連國內旅館、餐廳的價錢都調整到inbound旅客們能接受的高水準，反而讓當地日本人覺得吃不消。

在短短十多年時間裡，日本國內和國外脫節程度之大，可說非常驚人。主要原因是在日本長期通貨緊縮政策之下，物價沒有漲，薪水也沒有漲，好比日本人集體活在時間膠囊裡似的。比如說，今天的日本大學生打工收到的工資，一般是地方政府規定的最低工資一個小時一千多日圓。相比之下，四十年前，我讀大學時當家教，一個小時的薪水曾是三千到四千日圓。同一時期，我也開始給商業雜誌供稿，一張稿紙共四百字的費用是四千日圓；直到四十年後的今天，日本出版界的稿費水準仍然沒有提高。可這一切都是在名叫日本的時間膠囊裡發生的特殊事情。在外面的世界，其他國家的生活水準從過去到現在和未來，都是不停地進步。

這些年的日本，不僅少子高齡化嚴重，導致人口一年比一年減少，而且工業競爭力也逐年滑落。也就是說，整體國力一步一步地弱化。儘管如此，今天對日本人打擊最大、最直接的問題是日圓貶值；這歸根結柢只能說是政策的失敗。近來美國等國家的利率升高，日圓卻保持著負利率、零利率，結果兌美元等各國貨幣一律要貶值了。光是二〇二三年底的幾個月就貶了一成多，跟二〇一一年的高峰期一美元換七十七日圓的時候比，竟淪落為腰斬了。

在戰後日本長大的我這一代人清楚地記得，從戰爭結束後名副其實的一片廢墟，經過全國上下共同的努力，一九六四年舉行第一次的東京奧運會，算是向世界宣告日本已經復興。之後一九六六年的GDP超越了法國，六七年超越英國，六八年超越了德國，成為世界上僅次於美國的第二大經濟強國。於是被美國經濟學家傅高義一度捧為《日本第一》（Japan As Number One）（一九七九年），然而當年多數日本人簡直受寵若驚，並不明白日本到底做對了什麼？世界第二大經濟強國的地位，持續到四十年後中國崛起的二〇一〇年。後來日本跟中國的差距越來越大，二〇二四年再被德國打下，看來也很快就要被印度超越了。

今天回想起來，多數日本人感到自己富裕，國家進入了盛世，是一九八五年在美國紐約達成所謂的《廣場協議》，使得日圓對美元的匯率突然間膨脹了一倍的時候。之前很少有日本人能去海外自由旅行。然而忽然間，同一張日圓鈔票能夠兌換成多一倍美金了。如此一來，連初出社會剛拿到第一份獎金的男女青年，甚至打工存零錢的大學生，都不僅能夠出國遊覽，而且說不定還能買下之前只能翻著雜誌憧憬的世界名牌商品。我當年身在海外，以局外人的眼光看出國花錢的日本同胞們：當年很多人都要買不止一個，而是幾個ＬＶ等容易識別的包包。

貨幣匯率之變化，對不同世代日本人的海外經驗，影響實在不小。一九六〇年以前出生的日本人，一九八〇年前上大學，當時的日圓匯率仍不高，結果去過海外旅行、留學的人都很少。然而，比他們小幾歲而已的學妹學弟，經濟上，出國旅行或留學都容易很多了。結果，雖然彼此的年齡相差不是很大，但是世界觀的差別是巨大的，因而造成明顯的代溝。

一九八〇年代後半的日本，處於「泡沫經濟」的時代環境。房價一下子翻了幾番，叫人覺得自己的身家都翻了幾番似的。當時有新聞報導說，若賣了整個日本，就可以買下面積比日本大二十六倍的美國！美國太便宜了！連老百姓茶餘飯後的話題也離不開要買哪家公司的股票、哪一區的物業等。我觀察到：經濟膨脹導致信心膨脹，使人變得過於樂觀了。他們的價值觀跟之前只懂得勤奮的日本人很不同。然而，一時火熱的股市和房市，因一九八九年日本政策的轉向，一下子暴跌，使得經濟泡沫破裂了。有人破產或者背上了重債，但也有人賺得不少。結果，到處都有親人之間打官司的情況，為的是討回自己本來可以賺到的錢。

那在世界史上恰好是柏林圍牆倒下，冷戰結束的時候。首先有東歐各國，後來有老大哥蘇聯的社會主義政權也崩潰，從此經濟全球化就勢不可擋了。但是，那到底意味著什麼？日本很少有人認真去想，大家寧願相信經濟不景氣是一時的問題，早晚會再好起來。後來，日本報紙頭版的標題以旁觀者的口吻說「失落的十年」，後來又說「失落的二十年」，是要批評日本政府沒有做出與新環境相應的對策。其實，源自英美的新自由主義經濟政策，在日本都被採納推行，如今更嚴重影響多數國民的生活。

直到二十世紀末，日本多數公司都採用終身雇用制，也就是資本主義下的鐵飯碗。然而，二〇〇〇年代初期的小泉純一郎政權開放了從美國學來的人才派遣制。如今百分之二十二的男性和百分之五十四的女性都從事著收入低，並且有年限的「非正規」業務。不僅在製造業工廠裡，在公司辦公室、政府機關或大學，「非正規」職位都很普遍，明顯奪取人們對未來的希望。做「非正規」工作，只能保住今天的生活而得不到未來的保障，果然很多年輕人都不敢結婚也不敢生孩子了。

諸如此類，日本經濟面對的問題該說多得數不清，近來更造成了多一層困難的日圓貶值問題，最大的原因是從二〇一二年到二〇二〇年，長達八年的第二次安倍晉三內閣治下推行的貨幣寬鬆政策失敗。安倍上台之前，日本的財政赤字就非常大，想辦法解決對誰來說都不容易。可是在二〇一三年開始的「金融異次元緩和」政策之下，政府不僅發行國債來補貼不足，而且叫日本央行去認購。這樣子，本該互相獨立的政府和央行之間的關係被扭曲了。央行被迫購買了太多日本國債的結果，不能隨著國際經濟環境的變化來調整利率了，因為若提高利率，自己就得多付利息給國債擁有者，搞不好付不起利息而倒閉。

安倍晉三是日本近代政治史上首屈一指的危險人物。他有意無意地把日本這個國家推到懸崖峭壁邊去了。他出身政治世家，卻對政治沒有興趣，一向相信表面比實際重要。如此一個人掌握了國家最大的權力，所發揮的破壞力量之大恐怕他自己都沒有真正理解。二〇二三年上映的紀錄片《妖怪的孫子》（內山雄人導演）讓人清楚地看到安倍晉三其人的真實面貌。他因病主動下台後被槍殺，雖然仇恨他的犯人被抓等著審判，但是該案件始終叫人覺得不可能沒有更大的背景，大概直接牽涉到國際政治的架構。總之，看著目前日圓貶值的程度和速度，以及現任首相岸田文雄對此漠不關心的樣子，有一點是非常清楚的：日本短暫的盛世已經過去了。

曾經走在最前端的優等生——日本，
如何擺脫低迷與負面，重返榮光？

【特別收錄】編按：二〇二四年十一月二十四日，這一天台灣贏得世界棒球12強冠軍，長期關注喜愛台灣的新井一二三特別撰文，她為「TEAM TAIWAN」送上祝福。特別即時收錄本書，以饗讀者。

美麗的想像共同體

——二〇二四年世界棒球賽的冠軍，與台灣「想像的共同體」民族認同

這次世界棒球12強賽由台灣隊拿下冠軍，好多台灣朋友們似乎都從沙發跳起來爆哭了（至少賴清德總統真的跳了吧）。我本人都不能不受感染而忍不住哭了幾次。不過，我不是棒球鐵粉，感動我的並不是競賽內容本身，而是透過它傳遞出來的一個民族認同的完成。

隊長陳傑憲打出全壘打在球場上奔跑的時候，在胸前用雙手比了個框框。那裡，其他國家隊的球衣上都繡著他們國家的名字，單單在台灣隊的球衣上沒有。陳傑憲就是在那個空白的地方，用自己的雙手比出框框來，讓兩千四百萬台灣人清楚地在想像中看見了

「TAIWAN」的文字。

那是何種的奇蹟！

人們共同看出了那塊空白處該有的國名，只可能是「TAIWAN」。

「TEAM TAIWAN」的誕生：棒球場上的想像共同體

在國際球賽場地上，不能出現「中華民國」四個字，連國歌、國旗都遭禁止。雖然這個情況從一九七〇年代持續到今天，其殘酷性並沒有隨著時間的拖長而減輕；反之在年輕一代台灣人的心目中，新的認同早已生根。

過去二十多年，經常聽到台灣舉行民意調查的結果：你認為自己是中國人，還是台灣人，抑或兩個都是？結果自認為台灣人的比率越來越高。但究竟這認同的變化是如何發生的？這次的棒球12強賽給大家提供了目擊民族認同形成的難得機會。

決賽幾天後，滅火器主唱楊大正在台上向粉絲們說，「不管你叫它台灣隊還是中華隊，其實你支持的是同一群人」。也就是，生活在美麗島的兩千四百萬人，在二十八名傑出運動員的表現面前，共同支持了一個「TEAM TAIWAN」。他又說：「我們只要心裡知道，我們愛著台灣這片土地，它就會更好，它就會永遠存在。」換句話說，年輕一代台灣人已經在想像中，屬於同一個共同體了。

《想像的共同體》是美國民族主義研究者班納迪克．安德森在一九八三年問世的同名書中提出的概念（中文版由中央研究院吳叡人翻譯，一九九九年時報文化出版）。現代的民族國家不同於歷史上的封建王朝，最初是透過人們閱讀同一種白話語言印刷的報紙、小說，想像出自己所屬的共同體。這次在台北、東京的球場上似乎發生了，生活在台灣島的人們透過一支球隊出乎意料的傑出表現，從骨子裡明確地感覺到一個共同體的存在，以及對它衷心的愛護與驕傲。

從小打球長大的運動員，不大可能讀過有關民族主義的研究書吧。可是他們對此的理解是驚人地準確而深刻的。或者說，安德森對歷史的分析特別準確。於是在不同的時代、不同的地方，也能見到類似的現實發展。不僅陳傑憲的框框表示他的民族認同，投手林昱珉接受外媒訪問的時候，也用英語說：我們是小國，但是小國也能成為冠軍。他那一句話，其實跟《想像的共同體》譯者演講時經常向年輕聽眾說的一句話不謀而合：「雖然我們是小國小民，但我們是好國好民。」

我看到隊長的框框，聽到二十一歲投手那麼充滿信心的一句話，感動到不能不流淚。

十三位原住民選手，也是TEAM TAIWAN的核心力量

這次台灣隊的球員們，後來被台灣媒體和大眾捧為英雄、帥哥、理想丈夫，都是應當的。奪冠以前，有關每個選手的報導，我看到的不多。可是，後來台灣媒體紛紛報導陳傑憲充滿苦難的成長背景等等，讓人明白他們贏得今天的成功，果然是很多年來默默地刻苦耐勞的成果。

我也是看了報導才得知，原來在二十八名選手中，竟然有十三位原住民。之前只注意到日本有報導說台灣隊一名選手的名字特別長，日本主播用日語讀音念出來，聽眾都覺得有點怪。後來台灣原住民團體在臉書上貼出給日本媒體的公開信，要求日方用原音念吉力吉撈・鞏冠的名字。後來這件事透過日本各媒體廣泛介紹，多少促進了日本社會對台灣原住民的認識。因為過去屬於日職的台灣原住民選手，都是使用漢人名字的。日本雖然也有北海道愛努人等原住民族，可是社會觀念的改變不如台灣快，還想像不到運動員主動用族名活動。

總之，二〇二四年世界棒球12強賽，由台灣隊拿下冠軍，讓我們目擊了一個美麗的想像的共同體已然形成。謝謝TEAM TAIWAN，恭喜台灣！

新井一二三全作品

一九九九

在台灣出版第一本書《心井・新井》。

二〇〇〇

把在香港與加拿大多年的生活經驗、人情故事，出版成《東京人》一書。

二〇〇一

出版《櫻花寓言》寫出她對家鄉的鄉愁、對愛情的想法……

同一年，第一手引介日本文人與作品，寫成《可愛日本人》，讓讀者認識更多元的日本文學。

二〇〇二

在《讀日派》書中，一針見血地解剖當代日本社會樣貌。

同一年，出版《東京的女兒》。

二〇〇三

出版第一本少女成長故事《１２３成人式》。

出版《東京時刻八點四十五》，寫出東京人的飲食及文化。

二〇〇四

出版《我和閱讀談戀愛》，以輕鬆簡潔的方式引介日本文壇多種面貌與閱讀面向。

同一年，努力實踐緩慢生活六法則，進而寫出《午後四時的啤酒》。

二〇〇五 在《東京上流》中，透過新井流的觀察與探訪，讓讀者得以一窺可愛但不美的東京。

二〇〇六 出版《東京迷上車：從橙色中央線出發》，公開新井專屬的美食、人文、散步地圖。同一年，在《東京生活意見》中，鼓勵讀者從真實人生中爭取愛情，追求自我。

二〇〇七 以在東京獨一無二的生活滋味，寫成了《偏愛東京味》。同一年，亦出版《我這一代東京人》寫出記憶中的東京。

二〇〇八 出版《偽東京》，真實呈現二〇〇七年的日本，絕對是日本迷不容錯過的社會觀察指引書。

二〇〇九 出版《獨立，從一個人旅行開始》，引起兩岸三地廣大年輕讀者的熱烈迴響。

二〇一〇 出版《沒有了鮪魚，沒有了奶油》，透過在地感受，寫出讀者想像不到的日本。

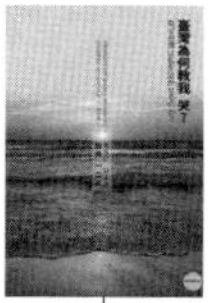

二〇一一

看了《海角七號》七次，掉淚七次，是內心深處對台灣有一封寄不出的情書，無法被閱讀而哭?出版《臺灣為何教我哭?》

二〇一二

出版《和新井一二三一起讀日文》，帶領讀者深入探討日文名詞故事。

二〇一三

以《東京故事311》寫出311前與311後，日本社會不為人知的真實狀態。

二〇一四

出版《歡迎來到東京食堂》寫下愛上食譜，愛上遠走他鄉，愛上家裡餐桌的點滴。同一年出版《和新井一二三一起讀日文【貳】》，讓學日文的讀者明白許多解不開的日文困惑。

二〇一五

出版《旅行，是為了找到回家的路》，記錄到不同國度，用不同語言交換生活經驗的旅行故事。

二〇一六

出版《東京閱讀男女》，透露多位日本文學作家的人生祕密，讓讀者大呼過癮。

二〇一七

出版《我和中文談戀愛》。用這本書見證新井一二三和中文相戀的故事。

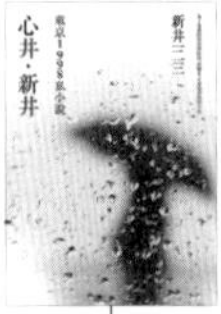

二〇一八

改版第一本中文作品《心井．新井》。同年出版《媽媽其實是皇后的毒蘋果？》，從母親陰影裡重新鬆綁內心牢籠。出版《再見平成時代》回望走過的曾經時光。

二〇一九

改版《櫻花寓言》。復刻書中的每一篇奇幻遭遇，道出生命中奮鬥傻勁的勇氣寓言。

二〇二〇

在《我們與台灣的距離》書中，寫下送給台灣的情書，讓讀者重新理解這塊土地。同年出版《這一年吃些什麼好？》帶讀者品嘗東京家庭飯桌上的四時節令。

二〇二二

改版《和新井一二三一起讀日文》（東京字塔版），解開日本名詞神祕背後的樸實信念。

二〇二三

出版《東京散步》，熟悉的東京地名，熟悉的東京地鐵路線，但你還可以再多認識一點關於東京的精神，東京的文學，東京的藝術。

美麗田 181

日本如何崩壞？

新井一二三的東京觀察

填回函雙重禮
①立即送購書優惠券
②抽獎小禮物

作　　者｜新井一二三
出　版　者｜大田出版有限公司
台北市一〇四四五中山北路二段二十六巷二號二樓
E-mail｜titan@morningstar.com.tw http：//www.titan3.com.tw
編輯部專線｜（02）2562-1383 傳真：（02）2581-8761

總　編　輯｜莊培園
副總編輯｜蔡鳳儀
行政編輯｜鄭鈺澐
行銷編輯｜林聲霓
校　　對｜黃薇霓／新井一二三／黃素芬
內頁美術｜陳柔含

初　　刷｜二〇二五年一月十二日　定價：三八〇元

網路書店｜http://www.morningstar.com.tw（晨星網路書店）
TEL：04-23595819 FAX：04-23595493
購書Email｜service@morningstar.com.tw
讀者專線｜04-23595819 #230
郵政劃撥｜15060393
印　　刷｜上好印刷股份有限公司
國際書碼｜978-986-179-910-0 CIP：540.932/113013341

國家圖書館出版品預行編目資料

日本如何崩壞的？新井一二三的東京觀察／新井一二三 著. ——初版——台北市：大田，2025.01
面；公分. ——（美麗田；181）

ISBN 978-986-179-910-0（平裝）

540.932　　113013341